배우고 익히는 논어 1

반듯반듯 고전 따라쓰기

배우고 익히는

논어

필사의 기쁨은 곧 깨달음의 기쁨이다 ———● 성백효 著

1

한국인문고전연구소

공자께서 말씀하셨다.
"배우고 그것을 때때로(항상) 익히면 기쁘지 않겠는가?
벗이 있어 먼 곳으로부터 찾아온다면 즐겁지 않겠는가?
사람들이 나를 알아주지 않더라도 서운해 하지 않는다면 군자가 아니겠는가?"

1. 〈논어〉 문장 구절의 음을 읽어본다.

子曰 弟子 入則孝하고 出則弟하며
자왈 제자 입즉효 출즉제

謹而信하며 汎愛衆호되 而親仁이니
근이신 범애중 이친인

行有餘力이어든 則以學文이니라
행유여력 즉이학문

2. 읽은 문장의 '한자'를 따라 써본다.

子曰 弟子 入則孝하고 出則弟하며

謹而信하며 汎愛衆호되 而親仁이니

行有餘力이어든 則以學文이니라

3. 원고지 칸에 '한자'를 다시 써본다.

子	曰	弟	子	入	則	孝	出	則	弟			

4. 읽고 써본 문장이 어떤 뜻인지 음미한다.

> 공자께서 말씀하셨다.
> "제자가 들어가서는 효도하고, 밖에 나와서는 공손하며, 행실을 삼가고, 말을 성실하게 하며,
> 널리 사람들을 사랑하되 어진 사람을 친근히 대해야 하니, 이것을 행함에 여력(여가)이 있으면 그 여력을 이용하여 글을
> 배워야 한다."

5. 문장에 나온 한자 중 어려운 한자를 확인한다.

- 弟 공경할 제 謹 삼갈 근 汎 넓을 범 衆 무리 중 親 친할 친, 가까울 친 餘 남을 여

論
語

차례

서문

『배우고 익히는 논어』를 펴내며

《논어(論語)》는 약 2,500년 전, 공자(孔子)의 말씀과 제자들과의 문답, 제자들의 좋은 말씀을 기록한 책으로, 유가경전(儒家經傳)의 대표이며, 동양고전(東洋古典)의 최고봉이다. 내용이 그리 많지 않으면서도 유가의 사상을 깊이 있게 알 수 있다는 점에서 우리나라는 물론이요, 서구에서도 수많은 학자들이 연구하고 수십 종의 번역서가 나와 있다. 또한 자본주의의 폐해로 지적되는 황금만능주의를 치유할 수 있는 대안으로도 《논어》의 중요성이 부각되고 있다.

중국에서도 한때는 "비공(批孔)"이라 하여 공자를 비판하는 운동이 벌어졌으나, 지금은 공자의 학문을 적극 권장하여 소학교(小學校)에서까지 거의 모두 《논어》를 가르치고 있다. 지금 우리의 교육은 세계의 추세에 보조를 맞추지 못하고 아직도 영어공부나 서양철학이 최고인 것처럼 잘못 알고 있다.

요 근래 독서 문화가 필사로 이어지고 있다 한다. 답답한 일상에 벗어날 수 있는 여유와 함께 좋은 글을 읽고 따라 써보는 일거양득의 효과가 있기 때문이다. 대부분의 사람들이 TV나 스마트폰에 정신이 팔려 있어 독서를 하지 않는다. 이것을 교정하는 한 방법으로도 좋은 아이디어라 생각한다. 이에 어른은 물론이요, 어린이들까지도 《논어》에 나오는 내용과 한자(漢字)를 익히며, 반듯하게 글씨를 쓸 수 있도록 유도하기 위하여 『배우고 익히는 논어』를 출간하게 되었다.

요즘 한자를 공부하는 분들을 자주 접하게 된다. 하지만 한문(漢文)이 아닌 한자 공부는 열심히 노력하여 1급 이상의 급수를 취득한다 하여도 5~6개월이 지나고 나면 곧바로 잊게 된다. 이 책을 통해 정성스럽게 한자를 써 나가면서 《논어》의 글뜻까지 겸하여 알게 된다면, 동양학의 기초를 다지는 동시에 우리 선조들의 전통문화를 인식하는 데에도 큰 효과가 있을 것이라고 확신한다.

옛말에 "마음이 바르면 필획(筆劃)도 바르게 된다" 하였다. 요즘은 컴퓨터를 사용하여 글을 쓰다 보니, 글씨가 엉망이다. 그만큼 사고도 정리되지 못하고 행동거지도 바르지 못하다. 이 책을 익힘으로써 정신을 수양하여 마음의 안정을 되찾고 반듯한 사람이 되는 계기가 된다면 더 이상 바랄 것이 없겠다. 또한 열심히 학습한 이 책을 버리지 말고 오래도록 보관해 둔다면, 다시 한 번 자신을 돌아보는 좋은 자료가 될 것이다.

2015년 8월
저자 성 백 효 成百曉 씀

學而 第一

1_

子曰 學而時習之면 不亦說(悅)乎아
자왈 학이시습지 불역열(열)호

有朋이 自遠方來면 不亦樂乎아
유붕 자원방래 불역락호

人不知而不慍이면 不亦君子乎아
인부지이불온 불역군자호

子曰 學而時習之면 不亦說(悅)乎아

有朋이 自遠方來면 不亦樂乎아

人不知而不慍이면 不亦君子乎아

공자께서 말씀하셨다.
"배우고 그것을 때때로(항상) 익히면 기쁘지 않겠는가?
벗들이 먼 곳으로부터 찾아온다면 즐겁지 않겠는가?
사람들이 나를 알아주지 않더라도 서운해 하지 않는다면 군자가 아니겠는가?"

• 習 익힐습, 거듭할습 說 기쁠열 朋 벗붕 遠 멀원 方 방소방 樂 즐거울락 慍 성낼온

2_ 有子曰 其爲人也 孝弟(悌)요
유 자 왈 기 위 인 야 호 제 (제)

而好犯上者 鮮矣니 不好犯上이요
이 호 범 상 자 선 의 불 호 범 상

而好作亂者 未之有也니라
이 호 작 란 자 미 지 유 야

君子는 務本이니 本立而道生하나니
군 자 무 본 본 립 이 도 생

孝弟也者는 其爲仁之本與(歟)인저
효 제 야 자 기 위 인 지 본 여 (여)

有子曰 其爲人也 孝弟(悌)요

而好犯上者 鮮矣니 不好犯上이요

而好作亂者 未之有也니라

君子는 務本이니 本立而道生하나니

孝弟也者는 其爲仁之本與(歟)인저

• 유자가 말하였다.

"그 사람됨이 부모에게 효도하고 공경하면서 윗사람을 범하기를 좋아하는 자는 드무니,
윗사람을 범하기를 좋아하지 않고서 난을 일으키기를 좋아하는 사람은 있지 않다.
군자는 근본에 힘써야 한다. 근본이 확립되면 인(仁)의 도(道)가 생겨나니,
효(孝)와 제(弟)는 아마도 인을 실천하는 근본일 것이다."

• 弟 공경할제 犯 범할범 鮮 적을선, 드물선 作 지을작 亂 어지러울란 爲 할위 與 어조사여

3_ 子曰 巧言令色이 鮮矣仁이니라
자왈 교언영색 선의인

子曰 巧言令色이 鮮矣仁이니라

- 공자께서 말씀하셨다.
  "말을 듣기 좋게 하고 얼굴빛을 곱게 하는 사람은 어진 사람이 드물다."

- 親 어버이 친 巧 공교할 교 令 좋을 령 鮮 적을 선, 드물 선

4_ 曾子曰 吾日三省吾身하노니
증자왈 오일삼성오신

爲人謀而不忠乎아
위인모이불충호

與朋友交而不信乎아 傳不習乎아니라
여붕우교이불신호　전불습호

曾子曰 吾日三省吾身하노니

爲人謀而不忠乎아

與朋友交而不信乎아 傳不習乎아니라

- 증자가 말씀하였다.
  "나는 날마다 세 가지로 나의 몸을 살피노니, 남을 위하여 일을 도모해줌에 충성스럽지 못한가?
  벗과 더불어 사귐에 성실하지 못한가? 배운 것을 익히지 못하는가? 함이다."

- 吾 나 오 省 살필 성 謀 꾀할 모, 도모할 모 信 성실할 신 傳 전할 전

5_

子曰 道千乘之國호되
_{자 왈 도 천 승 지 국}

敬事而信하며
_{경 사 이 신}

節用而愛人하며
_{절 용 이 애 인}

使民以時니라
_{사 민 이 시}

子曰 道千乘之國호되

敬事而信하며

節用而愛人하며

使民以時니라

- 공자께서 말씀하셨다.
"천승의 나라를 다스리되 일을 공경하고 미덥게 하며, 재물 쓰기를 절약해서 쓰고,
백성을 사랑하며, 백성을 부리되 농한기에 맞추어 하여야 한다."

- 道 다스릴 도 乘 수레 승 節 마디 절, 절도 절

6_ 子曰 弟子 入則孝하고 出則弟하며
자왈 제자 입즉효 출즉제

謹而信하며 汎愛衆호되 而親仁이니
근이신 범애중 이친인

行有餘力이어든 則以學文이니라
행유여력 즉이학문

子曰 弟子 入則孝하고 出則弟하며

謹而信하며 汎愛衆호되 而親仁이니

行有餘力이어든 則以學文이니라

공자께서 말씀하셨다.
"제자가 들어가서는 효도하고, 밖에 나와서는 공손하며, 행실을 삼가고, 말을 성실하게 하며, 널리 사람들을 사랑하되 어진 사람을 친근히 대해야 하니, 이것을 행함에 여력(여가)이 있으면 그 여력을 이용하여 글을 배워야 한다."

• 弟 공경할 제 謹 삼갈 근 汎 넓을 범 衆 무리 중 親 친할 친, 가까울 친 餘 남을 여

7_ 子夏曰 賢賢호되 易色하며
자 하 왈 현 현 역 색

事父母호되 能竭其力하며
사 부 모 능 갈 기 력

事君호되 能致其身하며
사 군 능 치 기 신

與朋友交호되 言而有信이면
여 붕 우 교 언 이 유 신

雖日未學이라도 吾必謂之學矣라호리라
수 왈 미 학 오 필 위 지 학 의

子夏曰 賢賢호되 易色하며

事父母호되 能竭其力하며

事君호되 能致其身하며

與朋友交호되 言而有信이면

雖日未學이라도 吾必謂之學矣라호리라

자하가 말하였다.
"어진 이를 어질게 여기되 아름다운 여인을 좋아하는 마음과 바꿔서 하며, 부모를 섬기되 능히 그 힘을 다하며,
군주를 섬기되 능히 그 몸을 바치며, 벗과 더불어 사귀되 말함에 성실함이 있으면,
비록 배우지 못했다고 말하더라도 나는 반드시 그를 배웠다고 할 것이다."

• 夏 여름 하 竭 다할 갈 致 바칠 치 雖 비록 수 吾 나 오

8_ 子曰 君子不重則不威요 學則不固니라
자왈 군자부중즉불위 학즉불고

主忠信하며 無友不如己者요 過則勿憚改니라
주충신 무우불여기자 과즉물탄개

子曰 君子不重則不威요 學則不固니라

主忠信하며 無友不如己者요 過則勿憚改니라

- 공자께서 말씀하셨다.
"군자가 신중하지 않으면 위엄이 없고, 배움도 견고하지 못하다.
충신을 주장하며, 자신보다 못한 자를 벗으로 삼지 말고, 잘못이 있으면 고치기를 꺼리지 말아야 한다."

- 威 위엄 위 固 견고할 고

9_ 曾子曰 愼終追遠이면 民德이 歸厚矣리라
증자왈 신종추원 민덕 귀후의

曾子曰 愼終追遠이면 民德이 歸厚矣리라

- 증자가 말씀하였다.
"초상을 정성을 다해 삼가서 치르고, 돌아가신 분(선조)을 추모하면 백성의 덕(德)이 후함에 돌아갈 것이다."

- 愼 삼갈 신 終 마칠 종 追 쫓을 추 遠 멀 원 歸 돌아갈 귀

10_

子禽이 問於子貢曰 夫子至於是邦也하사
자금 문어자공왈 부자지어시방야

必聞其政하시나니 求之與아 抑與之與아
필문기정 구지여 억여지여

子貢曰 夫子는 溫良恭儉讓以得之시니
자공왈 부자 온량공검양이득지

夫子之求之也는 其諸異乎人之求之與인저
부자지구지야 기저이호인지구지여

子禽이 問於子貢曰 夫子至於是邦也하사

必聞其政하시나니 求之與아 抑與之與아

子貢曰 夫子는 溫良恭儉讓以得之시니

夫子之求之也는 其諸異乎人之求之與인저

자금이 자공에게 물었다.
"부자께서 이 나라에 이르셔서는 반드시 그 정사를 들으시니, 구해서 되는 것입니까? 아니면 군주가 주어서 되는 것입니까"
자공이 말하였다.
"부자는 온화하고 어질고 공경하고 검소(절제)하고 겸양하시어 이것을 얻으시는 것이니,
부자의 구하심은 다른 사람의 구하는 것과는 다를 것이다."

• 禽 새금 邦 나라방 聞 들을문 與 어조사 여 抑 반어사억 溫 따뜻할온 儉 검소할검 讓 시양할양 異 다를 이

11_ 子曰 父在에 觀其志요
자 왈 부 재 관 기 지

父沒에 觀其行이나
부 몰 관 기 행

三年을 無改於父之道라야
삼 년 무 개 어 부 지 도

可謂孝矣니라
가 위 효 의

子曰 父在에 觀其志요

父沒에 觀其行이나

三年을 無改於父之道라야

可謂孝矣니라

공자께서 말씀하셨다.
"상대방의 아버지가 살아 계실 때는 자식의 뜻을 관찰할 것이요, 아버지가 돌아가셨을 때는
그 자식의 행동을 관찰해야 한다. 그리고 3년을 아버지의 도(道)에 고침이 없어야 효도라고 이를 수 있다."

• 觀 볼관 沒 죽을몰

16

12   有子曰 禮之用이 和爲貴하니
유 자 왈 예 지 용 화 위 귀

先王之道 斯爲美라 小大由之니라
선 왕 지 도 사 위 미 소 대 유 지

有所不行하니 知和而和요
유 소 불 행 지 화 이 화

不以禮節之면 亦不可行也니라
불 이 예 절 지 역 불 가 행 야

有子曰 禮之用이 和爲貴하니

先王之道 斯爲美라 小大由之니라

有所不行하니 知和而和요

不以禮節之면 亦不可行也니라

유자가 말하였다.
"예(禮)의 사용됨은 화합이 귀중하게 되니, 선왕의 도(道)는 이것이 아름다움이 된다.
그리하여 작은 일과 큰일에 모두 이것을 따른 것이다. 그러나 행하지 못할 것이 있으니, 화합을 알아서 화합만 하고
예로써 절제하지 않는다면 이 또한 행할 수 없는 것이다."

• 貴 귀할 귀 斯 이 사 由 따를 유 節 절제할 절

13_ 有子曰 信近於義면 言可復也며
유 자 왈 신 근 어 의 언 가 복 야

恭近於禮면 遠恥辱也며
공 근 어 례 원 치 욕 야

因不失其親이면 亦可宗也니라
인 불 실 기 친 역 가 종 야

有子曰 信近於義면 言可復也며

恭近於禮면 遠恥辱也며

因不失其親이면 亦可宗也니라

유자가 말하였다.
"약속이 마땅함에 가까우면 약속한 말을 실천할 수 있으며, 공손함이 예(禮)에 가까우면 치욕을 멀리할 수 있으며, 주인을 삼은 것이 그 친할 만한 사람을 잃지 않으면 또한 그 사람을 끝까지 주인으로 삼을 수 있다."

• 復 실천할복 恥 부끄러울치 辱 욕될욕 因 주인삼을인 宗 높을종

14_ 子曰 君子食無求飽하며
자 왈 군 자 식 무 구 포

居無求安하며
거 무 구 안

敏於事而愼於言이요
민 어 사 이 신 어 언

就有道而正焉이면
취 유 도 이 정 언

可謂好學也已니라
가 위 호 학 야 이

子曰 君子食無求飽하며

居無求安하며

敏於事而愼於言이요

就有道而正焉이면

可謂好學也已니라

공자께서 말씀하셨다.

"군자가 먹음에 배부름을 구하지 않으며, 거처함에 편안함을 구하지 않으며,
일에 민첩하고 말에 삼가며, 도(道)가 있는 사람을 찾아가서 옳고 그름을 바로 잡는다면 배움을 좋아한다고 이를 만하다."

• 飽 배부를 포 敏 빠를 민 就 나아갈 취

15_ 子貢曰 貧而無諂하며 富而無驕 何如하니잇고
자공왈 빈이무첨　　부이무교 하여

子曰 可也나 未若貧而樂하며 富而好禮者也니라
자왈 가야　미약빈이락　부이호예자야

子貢曰 詩云如切如磋하며 如琢如磨라하니 其斯之謂與인저
자공왈 시운여절여차　여탁여마　기사지위여

子曰 賜也는 始可與言詩已矣로다 告諸往而知來者온여
자왈 사야　시가여언시이의　고제왕이지래자

子貢曰 貧而無諂하며 富而無驕 何如하니잇고

子曰 可也나 未若貧而樂하며

富而好禮者也니라

子貢曰 詩云如切如磋하며 如琢如磨라하니

其斯之謂與인저

子曰 賜也는 始可與言詩已矣로다

告諸往而知來者온여

자공이 묻기를 "가난하면서도 아첨함이 없으며, 부유하면서도 교만함이 없는 것이 어떻습니까?" 하자,
공자께서 대답하셨다.
"그것도 괜찮으나, 가난하면서도 즐거워하며, 부유하면서도 예(禮)를 좋아하는 자만은 못하다."
자공이 말하였다.
"《시경》에 '절단해 놓고 다시 그것을 간 듯하며, 쪼아놓고 다시 곱게 연마한 듯하다.' 하였으니,
아마도 이것을 말함일 것입니다."
공자께서 말씀하셨다.
"자공은 이제 비로소 함께 시를 말할 만하구나.
지나간 것 (이미 말해 준 것)을 말해주면 올 것(말해주지 않은 것)을 아는구나."

- 貧 가난할 빈 諂 아첨할 첨 驕 교만할 교 切 끊을 절 磋 갈 차 琢 쪼을 탁 磨 갈 마

16_ 子曰 不患人之不己知요
자 왈 불 환 인 지 불 기 지

患不知人也니라
환 부 지 인 야

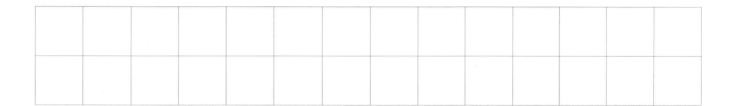

공자께서 말씀하셨다.
"남이 자신을 알아주지 못함을 걱정하지 말고, 내가 남을 알지 못함을 걱정해야 한다."

- 患 근심 환

爲政 第二

1_ 子曰 爲政以德이 譬如北辰이
　　자왈　위정이덕　비여북신

居其所어든 而衆星이 共(拱)之니라
거기소　　이중성　공(공)지

子曰 爲政以德이 譬如北辰이

居其所어든 而衆星이 共(拱)之니라

공자께서 말씀하셨다.

"정사를 하되 덕(德)으로써 하는 것은 비유하건대
북극성(北極星)이 제자리에 머물러 있으면, 뭇별들이 그에게로 향하는 것과 같다."

• 爲 다스릴 위 譬 비유할 비 辰 별 신 居 머무를 거 共 향할 공

2_ 　子曰 詩三百에 一言以蔽之하니
　　　　자왈 　시삼백 　　일언이폐지

　　日 思無邪니라
　　　왈 　사 무 사

子曰 詩三百에 一言以蔽之하니

日 思無邪니라

공자께서 말씀하셨다.
"《시경》에 실린 3백 편을 한 마디 말로 전체를 덮을 수 있으니, '생각에 간사함이 없다.'는 말이다."

• 蔽 가릴 폐, 단정지을 폐 邪 간사할 사

3_ 子曰 道之以政하고 齊之以刑이면 民免而無恥니라
자왈 도지이정 제지이형 민면이무치

道之以德하고 齊之以禮면 有恥且格이니라
도지이덕 제지이례 유치차격

子曰 道之以政하고 齊之以刑이면

民免而無恥니라

道之以德하고 齊之以禮면 有恥且格이니라

공자께서 말씀하셨다.

"백성을 인도하되 법(法)으로써 하고 가지런히 하되 형벌로써 하면 백성들이 형벌은 면하되 부끄러워함이 없다.

백성을 인도하되 덕(德)으로써 하고 가지런히 하되 예(禮)로써 하면 백성들이 부끄러워함이 있고 또 선(善)에 이른다."

- 道 인도할 도 齊 가지런할 제 恥 부끄러울 치 格 이를 격, 바를 격

4_ 子曰 吾十有五而志于學하고
자왈 오십유오이지우학

三十而立하고 四十而不惑하고
삼십이립　　사십이불혹

五十而知天命하고 六十而耳順하고
오십이지천명　　육십이이순

七十而從心所欲호되 不踰矩호라
칠십이종심소욕　　불유구

子曰 吾十有五而志于學하고

三十而立하고 四十而不惑하고

五十而知天命하고 六十而耳順하고

七十而從心所欲호되 不踰矩호라

공자께서 말씀하셨다.
"나는 열다섯 살에 학문에 뜻하였고,
서른 살에 자립하였고, 마흔 살에 사리에 의혹하지 않았고,
쉰 살에 천명을 알았고, 예순 살에 귀로 들으면 그대로 이해되었고,
일흔 살에 마음에 하고자 하는 바를 따라도 법도를 넘지 않았노라."

• 有 또유 惑 의혹할혹 順 순할순 從 좇을종 踰 넘을유 矩 법구

5_ 孟懿子問孝한대 子曰 無違니라
맹 의 자 문 효   자 왈 무 위

樊遲御러니 子告之曰 孟孫이
번 지 어   자 고 지 왈 맹 손

問孝於我어늘 我對曰 無違라호라
문 효 어 아   아 대 왈 무 위

樊遲曰 何謂也잇고 子曰 生事之以禮하며
번 지 왈 하 위 야   자 왈 생 사 지 이 례

死葬之以禮하며 祭之以禮니라
사 장 지 이 례   제 지 이 례

孟懿子問孝한대 子曰 無違니라

樊遲御러니 子告之曰 孟孫이

問孝於我어늘 我對曰 無違라호라

樊遲曰 何謂也잇고 子曰 生事之以禮하며

死葬之以禮하며 祭之以禮니라

맹의자가 효(孝)를 묻자, 공자께서 "어김이 없어야 한다."고 대답하셨다.
어느 날 번지가 수레를 몰고 있었는데, 공자께서 이 일을 말씀하셨다.
"맹손씨가 나에게 효를 묻기에 내가 '어김이 없어야 한다.'고 대답하였다."
번지가 "무슨 뜻으로 하신 말씀입니까?" 하고 묻자, 공자께서 말씀하셨다.
"살아계실 적에는 예(禮)로 섬기고, 돌아가셨을 적에는 예로 장사지내고, 제사를 지낼 적에는 예로 지내는 것이다."

- 懿 아름다울 의 違 어길 위 樊 울타리 번 遲 더딜 지 御 말몰 어, 어거할 어 葬 장사지낼 장 祭 제사 제

6_ 孟武伯이 問孝한대
맹 무 백 　 문 효

子曰 父母는 唯其疾之憂시니라
자 왈 부 모 　 유 기 질 지 우

孟武伯이 問孝한대

子曰 父母는 唯其疾之憂시니라

- 맹무백이 효(孝)를 묻자, 공자께서 대답하셨다.
  "부모는 혹여 자식이 병들까 그것만 근심하신다."

- 唯 오직유 憂 근심할우

7_ 子游問孝한대 子曰 今之孝者는 是謂能養이니
자유문효 자왈 금지효자 시위능양

至於犬馬하여도 皆能有養이니
지어견마 개능유양

不敬이면 何以別乎리오
불경 하이별호

子游問孝한대 子曰 今之孝者는 是謂能養이니

至於犬馬하여도 皆能有養이니

不敬이면 何以別乎리오

자유가 효(孝)를 묻자, 공자께서 말씀하셨다.
"지금의 효라는 것은 봉양만 잘함이라고 이를 수 있다. 개나 말에게도 모두 길러줌이 있으니,
공경하지 않는다면 부모를 봉양함과 개나 말을 길러줌에 무엇으로써 분별하겠는가?"

• 游 헤엄칠유 養 봉양할양, 기를양 犬 개견 敬 공경경 別 분별별

8_ 子夏問孝한대 子曰 色難이니
자 하 문 효　　　자 왈 색 난

有事어든 弟子服其勞하고
유 사　　제 자 복 기 로

有酒食어든 先生饌이 曾是以爲孝乎아
유 주 사　　선 생 찬　증 시 이 위 효 호

子夏問孝한대 子曰 色難이니

有事어든 弟子服其勞하고

有酒食어든 先生饌이 曾是以爲孝乎아

자하가 효(孝)를 묻자, 공자께서 말씀하셨다.
"부모님께 항상 얼굴빛을 온화하게 하는 것이 어려우니, 부형에게 일이 있으면 제자(자제)가 그 수고로움을 대신하고,
술과 밥이 있으면 선생(부형)을 잡숫게 하는 것을 일찍이 효라고 할 수 있겠는가?"

• 難 어려울 난 服 일할 복 饌 먹을 찬

9_ 子曰 吾與回言終日에
자 왈 오 여 회 언 종 일

不違如愚러니
불 위 여 우

退而省其私한대 亦足以發하나니
퇴 이 성 기 사 역 족 이 발

回也不愚로다
회 야 불 우

子曰 吾與回言終日에
不違如愚러니
退而省其私한대 亦足以發하나니
回也不愚로다

공자께서 말씀하셨다.
"내가 안회와 더불어 온종일 이야기를 함에 내 말을 어기지 않아 어리석은 사람처럼 보이더니,
물러간 뒤의 사생활을 살펴보건대 또한 충분히 발명하니, 안회는 어리석지 않구나!"

• 回 돌 회　終 마칠 종　愚 어리석을 우　私 사사 사　發 밝힐 발

10_ 子曰 視其所以하며 觀其所由하며
자왈 시기소이 관기소유

察其所安이면
찰기소안

人焉廋哉리오 人焉廋哉리오
인언수재 인언수재

子曰 視其所以하며 觀其所由하며

察其所安이면

人焉廋哉리오 人焉廋哉리오

공자께서 말씀하셨다.

"그 하는 것을 보며, 그 말미암은 이유를 살피며, 그 편안히 여김을 살펴본다면
사람들이 어떻게 자신을 숨길 수 있겠는가? 사람들이 어떻게 자신을 숨길 수 있겠는가?"

• 視 볼 시 觀 볼 관 察 살필 찰 焉 어찌 언 廋 숨길 수

11_ 子曰 溫故而知新이면
자왈 온고이지신

可以爲師矣니라
가 이 위 사 의

子曰 溫故而知新이면

可以爲師矣니라

공자께서 말씀하셨다.
"옛 것을 때때로 익히고 새로운 것을 터득한다면 스승이 될 수 있다."

- 溫 따뜻할 온, 익힐 온 故 옛 고 師 스승 사

12_ 子曰 君子는 不器니라
자왈 군 자 불 기

子曰 君子는 不器니라

공자께서 말씀하셨다.
"군자는 그릇처럼 국한되지 않는다."

- 器 그릇 기

13_　子貢이 問君子한대
　　자공　문군자

子曰 先行其言이요
자왈 선행기언

而後從之니라
이 후 종 지

子貢이 問君子한대

子曰 先行其言이요

而後從之니라

자공이 군자에 대해서 묻자, 공자께서 말씀하셨다.
"먼저 그 말할 것을 실행하고, 그 뒤에 말이 행동을 따르게 하는 것이다."

14 子曰 君子는 周而不比하고
자왈 군자 주 이 불 비

小人은 比而不周니라
소 인 비 이 부 주

子曰 君子는 周而不比하고

小人은 比而不周니라

공자께서 말씀하셨다.
"군자는 두루 사랑하고 자기 편만 사랑하지 않으며, 소인은 자기 편만 사랑하고 두루 사랑하지 않는다."

• 周 두루 주, 친밀할 주 比 친할 비

34

15_ 子曰 學而不思則罔하고
자 왈 학 이 불 사 즉 망

思而不學則殆니라
사 이 불 학 즉 태

子曰 學而不思則罔하고

思而不學則殆니라

공자께서 말씀하셨다.
"배우기만 하고 생각하고 연구하지 않으면 얻음이 없고, 생각하기만 하고 배우지 않으면 위태롭다."

● 罔 없을 망, 어두울 망 殆 위태할 태

16_ 子曰 攻乎異端이면 斯害也已니라
자왈 공호이단 사해야이

子曰 攻乎異端이면 斯害也已니라

공자께서 말씀하셨다.
"이단(異端)을 공부하면 해로울 뿐이다."

- 攻 다스릴공 端 끝단 斯 이사 害 해칠해 已 어조사이

17_ 子曰 由아 誨女(汝)知之乎인저
자왈 유 회여 (여) 지지호

知之爲知之요 不知爲不知 是知也니라
지지위지지 부지위부지 시지야

由아 誨女(汝)知之乎인저

知之爲知之요 不知爲不知 是知也니라

공자께서 말씀하셨다.
"유(자로)야! 너에게 아는 것을 가르쳐 주겠다.
아는 것을 안다고 하고, 모르는 것을 모른다고 하는 것, 이것이 아는 것이다."

- 誨 가르칠회 汝 너여

18_ 子張이 學干祿한대
子張 學干祿

子曰 多聞闕疑요
子曰 多聞闕疑

愼言其餘則寡尤며 多見闕殆요
愼言其餘則寡尤 多見闕殆

愼行其餘則寡悔니 言寡尤하며
愼行其餘則寡悔 言寡尤

行寡悔면 祿在其中矣니라
行寡悔 祿在其中矣

子張이 學干祿한대

子曰 多聞闕疑요

愼言其餘則寡尤며 多見闕殆요

愼行其餘則寡悔니 言寡尤하며

行寡悔면 祿在其中矣니라

자장이 출세를 구하는 방법을 배우려고 하자, 공자께서 말씀하셨다.
"많이 듣고서 의심나는 것을 제쳐놓고, 그 나머지 자신이 있는 것을 삼가서 말하면 허물이 적고, 많이 보고서 위태로운 것을 제쳐놓고 그 나머지 불안하지 않은 것을 삼가서 행하면 후회하는 일이 적을 것이니, 말에 허물이 적으며 행실에 후회가 적으면 출세는 그 가운데에 있다."

• 祿 녹봉록 闕 빼놓을 궐 疑 의심할 의 寡 적을 과 尤 허물 우 殆 위태할 태 悔 뉘우칠 회

19_ 哀公이 問曰 何爲則民服이니잇고
애공 문왈 하위즉민복

孔子對曰 擧直錯諸枉則民服하고
공자대왈 거직조제왕즉민복

擧枉錯諸直則民不服이니이다
거왕조제직즉민불복

哀公이 問曰 何爲則民服이니잇고

孔子對曰 擧直錯諸枉則民服하고

擧枉錯諸直則民不服이니이다

- 애공이 "어떻게 하면 백성들이 복종합니까?" 하고 묻자, 공자께서 대답하셨다.
"정직한 사람을 들어 쓰고 모든 정직하지 못한 사람을 버려두면 백성들이 복종하고, 정직하지 못한 사람을 들어 쓰고 모든 정직한 사람을 버려두면 백성들이 복종하지 않습니다."

- 服 복종할 복 擧 들 거 錯 버려둘 조, 올려놓을 조 諸 모두 제, 어조사 저 枉 굽을 왕

20_ 季康子問 使民敬忠以勸호되 如之何잇고
계 강 자 문　사 민 경 충 이 권　　여 지 하

子曰 臨之以莊則敬하고 孝慈則忠하고
자 왈　임 지 이 장 즉 경　　효 자 즉 충

舉善而教不能則勸이니라
거 선 이 교 불 능 즉 권

季康子問 使民敬忠以勸호되 如之何잇고

子曰 臨之以莊則敬하고 孝慈則忠하고

舉善而教不能則勸이니라

계강자가 "백성들로 하여금 윗사람에게 공경하고 충성하게 하며 이것을 권면하게 하려는데, 어찌하면 되겠습니까?"
하고 묻자, 공자께서 말씀하셨다.
"위정자가 백성 대하기를 장엄(莊嚴)함으로써 하면 백성들이 공경하고, 위정자가 부모에게 효도하고 아랫사람을 사랑
하면 백성들이 충성하고, 위정자가 잘하는 자를 등용하고 잘못하는 자를 가르치면 권면하게 될 것이다."

• 勸 권할 권 臨 대할 림 莊 장엄할 장

21_ 或謂孔子曰 子는 奚不爲政이시닛고
혹 위 공 자 왈 자 해 불 위 정

子曰 書云孝乎인저 惟孝하며 友于兄弟하여
자 왈 서 운 효 호 유 효 우 우 형 제

施於有政이라하니 是亦爲政이니 奚其爲爲政이리오
시 어 유 정 시 역 위 정 해 기 위 위 정

或謂孔子曰 子는 奚不爲政이시닛고

子曰 書云孝乎인저 惟孝하며 友于兄弟하여

施於有政이라하니 是亦爲政이니

奚其爲爲政이리오

• 어떤 사람이 공자에게 이르기를 "선생께서는 어찌하여 정치를 하지 않으십니까?" 하자, 공자께서 말씀하셨다.
"《서경(書經)》에 효(孝)에 대하여 말하였다. '효하며 형제간에 우애하여 정사에 베푼다.'고 하였으니,
이 또한 정사를 하는 것이니, 어찌 높은 지위에 있어야만 정치를 하는 것이 되겠는가?"

• 奚 어찌해 友 우애할우 施 베풀시

22_ 子曰 人而無信이면 不知其可也로라
자왈 인이무신 부지기가야

大車無輗하며 小車無軏이면
대차무예 소거무월

其何以行之哉리오
기하이행지재

子曰 人而無信이면 不知其可也로라

大車無輗하며 小車無軏이면

其何以行之哉리오

공자께서 말씀하셨다.
"사람으로서 성실성이 없으면 그 쓸모를 알지 못하겠다.
큰 수레에 수레채마구리가 없고 작은 수레에 멍에막이가 없다면 어떻게 갈 수 있겠는가?"

• 輗 수레끌채끝 예 軏 끌채끝 월

23__

子張이 問 十世를 可知也잇가
자장 문 십세 가 지 야

子曰 殷因於夏禮하니 所損益을 可知也며
자왈 은인어하례 소 손 익 가 지 야

周因於殷禮하니 所損益을 可知也니
주인어은례 소 손 익 가 지 야

其或繼周者면 雖百世라도 可知也니라
기 혹 계 주 자 수 백 세 가 지 야

子張이 問 十世를 可知也잇가

子曰 殷因於夏禮하니 所損益을 可知也며

周因於殷禮하니 所損益을 可知也니

其或繼周者면 雖百世라도 可知也니라

- 자장이 "지금으로부터 열 왕조 뒤의 일을 미리 알 수 있습니까?" 하고 묻자, 공자께서 말씀하셨다.
  "은(殷)나라는 하(夏)나라의 예(禮)를 인습하였으니 빼거나 보탠 것을 알 수 있으며, 주(周)나라는 은나라의 예를 인습하였으니 빼거나 보탠 것을 알 수 있다. 혹시라도 주나라를 계승하는 자가 있다면 비록 백 왕조 뒤의 일이라도 알 수 있을 것이다."

- 殷 은나라 은 因 인습할 인 損 덜 손 益 더할 익 繼 이을 계

24_ 子曰 非其鬼而祭之 諂也요
자왈 비 기 귀 이 제 지 첨 야

見義不爲 無勇也니라
견 의 불 위 무 용 야

子曰 非其鬼而祭之 諂也요

見義不爲 無勇也니라

공자께서 말씀하셨다.

"귀신(자기가 제사지내야 할 귀신)이 아닌 것을 제사하는 것이 아첨이요,

의로운 일을 보고 하지 않음은 용맹이 없는 것이다."

• 鬼 귀신 귀 祭 제사 제 諂 아첨할 첨

八佾 第三

1_
孔子謂季氏하사되
공자위계씨

八佾로 舞於庭하니
팔 일 무 어 정

是可忍也온 孰不可忍也리오
시 가 인 야 숙 불 가 인 야

孔子謂季氏하사되

八佾로 舞於庭하니

是可忍也온 孰不可忍也리오

공자께서 계씨를 두고 평하셨다.
"천자의 팔일무(八佾舞)를 뜰에서 추니, 이 일을 차마 한다면 무슨 일인들 차마 하지 못하겠는가?"

• 佾 춤추는줄 일 舞 춤출 무 庭 뜰 정 忍 차마할 인, 참을 인 孰 무엇 숙

2__ 三家者 以雍徹이러니
　　삼 가 자　이 옹 철

子曰 相維辟公이어늘
자 왈　상 유 벽 공

天子穆穆을 奚取於三家之堂고
천 자 목 목　해 취 어 삼 가 지 당

三家者 以雍徹이러니

子曰 相維辟公이어늘

天子穆穆을 奚取於三家之堂고

- 세 대부의 집안에서 제사를 마치고 《시경(詩經)》의 〈옹(雍)〉시를 노래하면서 철상을 하였는데, 공자께서 이에 대하여 말씀하셨다.
"'제후들이 제사를 돕거늘 천자는 엄숙하게 계시다.'는 가사의 노래를 어찌해서 세 대부의 사당에서 취하여 쓰는가?"

- 雍 화힐 옹 徹 거둘 철 相 도울 상 辟 임금 벽 穆 심원(深遠)할 목 奚 어찌 해

3_ 子曰 人而不仁이면
자 왈 인 이 불 인

如禮何며
여 례 하

人而不仁이면
인 이 불 인

如樂何리오
여 악 하

子曰 人而不仁이면

如禮何며

人而不仁이면

如樂何리오

공자께서 말씀하셨다.
"사람으로서 어질지 못하면 예를 어떻게 하며, 사람으로서 어질지 못하면 음악을 어떻게 할 수 있겠는가?"

46

4＿ 林放이 問禮之本한대
　　임 방　　문 례 지 본

子曰 大哉라 問이여
　자 왈　대 재　문

禮는 與其奢也론 寧儉이요
예　여 기 사 야　녕 검

喪은 與其易也론 寧戚이니라
상　여 기 이 야　녕 척

林放이 問禮之本한대

子曰 大哉라 問이여

禮는 與其奢也론 寧儉이요

喪은 與其易也론 寧戚이니라

- 임방이 예(禮)의 근본을 묻자, 공자께서 말씀하셨다.
  "훌륭하다, 너의 질문이여!
  예는 사치하기보다는 차라리 검소하여야 하고, 상(喪)은 형식적으로 잘 다스려지기보다는 차라리 슬퍼하여야 한다."

- 放 놓을 방 奢 사치할 사 寧 차라리 녕 儉 검소할 검 易 다스릴 이 戚 슬플 척

5_ 子曰 夷狄之有君이
자 왈 이 적 지 유 군

不如諸夏之亡(無)也니라
불 여 제 하 지 무 (무) 야

子曰 夷狄之有君이

不如諸夏之亡(無)也니라

공자께서 말씀하셨다.
"이적(오랑캐)도 군주가 있으니, 제하(중국의 여러 제후국)에 군주가 없는 것과는 같지 않다."

• 夷 오랑캐 이 狄 오랑캐 적 夏 클 하

6_ 季氏旅於泰山이러니
계 씨 려 어 태 산

子謂冉有曰 女(汝)弗能救與아
자 위 염 유 왈 여 (여) 불 능 구 여

對曰 不能이로소이다
대 왈 불 능

子曰 嗚呼라 曾謂泰山이 不如林放乎아
자 왈 오 호 증 위 태 산 불 여 림 방 호

季氏旅於泰山이러니

子謂冉有曰 女(汝)弗能救與아

對曰 不能이로소이다

子曰 嗚呼라 曾謂泰山이 不如林放乎아

<table>
<tr><td></td><td></td><td></td><td></td><td></td><td></td><td></td><td></td><td></td><td></td><td></td><td></td></tr>
<tr><td></td><td></td><td></td><td></td><td></td><td></td><td></td><td></td><td></td><td></td><td></td><td></td></tr>
<tr><td></td><td></td><td></td><td></td><td></td><td></td><td></td><td></td><td></td><td></td><td></td><td></td></tr>
<tr><td></td><td></td><td></td><td></td><td></td><td></td><td></td><td></td><td></td><td></td><td></td><td></td></tr>
</table>

계씨가 대부로서 제후의 예를 참람하여 태산에 여제(旅祭)를 지내려고 하였다. 공자께서 염유에게 "네가 그것을 바로 잡을 수 없느냐?"고 하시자, 염유가 "불가능합니다." 하고 대답하였다. 공자께서 "아, 일찍이 태산의 신령이 예의 근본을 물은 임방만도 못하다고 생각하느냐?" 하셨다.

• 旅 산제지낼려 冉 성염 救 바로잡을구 曾 일찍증

7_ 子曰 君子無所爭이나 必也射乎인저
자왈 군자무소쟁 필야사호

揖讓而升하여 下而飮하나니 其爭也君子니라
읍 양 이 승 하 이 임 기 쟁 야 군 자

子曰 君子無所爭이나 必也射乎인저

揖讓而升하여 下而飮하나니

其爭也君子니라

공자께서 말씀하셨다.
"군자는 경쟁하는(다투는) 것이 없으나, 반드시 활쏘기에서는 경쟁을 한다. 상대방에게 절하고,
사양하며 올라갔다가 활을 쏘고 내려온 뒤에 패배한 자에게 술을 마시게 하니, 이러한 경쟁이 군자다운 경쟁이다."

• 爭 다툴 쟁 射 쏠 사 揖 읍할 읍 升 오를 승 飮 마시게할 임, 마실 음

8_ 子夏問曰 巧笑倩兮며
자 하 문 왈 교 소 천 혜

美目盼兮여 素以爲絢兮라하니
미 목 변 혜 소 이 위 현 혜

何謂也잇고 子曰 繪事後素니라 曰 禮後乎인저
하 위 야 자 왈 회 사 후 소 왈 예 후 호

子曰 起予者는 商也로다 始可與言詩已矣로다
자 왈 기 여 자 상 야 시 가 여 언 시 이 의

子夏問曰 巧笑倩兮며

美目盼兮여 素以爲絢兮라하니

何謂也잇고 子曰 繪事後素니라 曰 禮後乎인저

子曰 起予者는 商也로다 始可與言詩已矣로다

자하가 물었다.

"'예쁜 웃음에 보조개가 예쁘며 아름다운 눈에 눈동자가 선명함이여! 흰 비단으로 채색을 한다.' 하였으니,
무엇을 말한 것입니까?"

공자께서 말씀하셨다.

"그림 그리는 일이 흰 비단을 마련하는 것보다 뒤에 하는 것이다."

자하가 "예(禮)가 충신(忠信)보다 뒤이겠군요?" 라고 말하자, 공자께서 말씀하셨다.

"나를 흥기(興起)시키는 자는 자하이로구나! 비로소 함께 시(詩)를 말할 만하다."

• 倩 예쁠 천 盼 아름다운눈 변(반) 絢 문채날 현 繪 그림 회 素 흰비단 소 起 일으킬 기 商 헤아릴 상

9_ 子曰 夏禮를 吾能言之나
자왈 하례 오능언지

杞不足徵也며 殷禮를 吾能言之나
기 부족징야 은례 오능언지

宋不足徵也는 文獻이 不足故也니
송 부족징야 문헌 부족고야

足則吾能徵之矣로리라
족 즉오능징지의

子曰 夏禮를 吾能言之나

杞不足徵也며 殷禮를 吾能言之나

宋不足徵也는 文獻이 不足故也니

足則吾能徵之矣로리라

공자께서 말씀하셨다.

"하(夏)나라의 예(禮)를 내가 말할 수 있으나, 그 후손의 나라인 기(杞)나라에서 충분히 증명하지 못하며, 은(殷)나라의 예(禮)를 내가 말할 수 있으나 그 후손의 나라인 송(宋)나라에서 충분히 증명하지 못함은 문헌이 부족하기 때문이다. 문헌이 충분하다면 내가 내 말을 증명할 수 있을 것이다."

- 杞 나라이름 기 徵 징험할 징 獻 문헌헌, 어질헌

10_ 子曰 禘自既灌而往者는
자 왈 체 자 기 관 이 왕 자

吾不欲觀之矣로라
오 불 욕 관 지 의

子曰 禘自既灌而往者는

吾不欲觀之矣로라

공자께서 말씀하셨다.
"체(禘)제사는 울창주(鬱鬯酒)를 따라 신내림을 청하는 예식의 뒤로부터는, 나는 보고 싶지 않다."

• 禘 큰제사 체　灌 강신제지낼 관

11_ 或이 問禘之說한대
혹 문 체 지 설

子曰 不知也로라
자 왈 부 지 야

知其說者之於天下也에
지 기 설 자 지 어 천 하 야

其如示諸斯乎인저하시고
기 여 시 제 사 호

指其掌하시다
지 기 장

或이 問禘之說한대

子曰 不知也로라

知其說者之於天下也에

其如示諸斯乎인저하시고

指其掌하시다

어떤 사람이 체(禘)제사의 내용을 묻자, 공자께서 대답하셨다.

"알지 못하겠다. 그 내용을 아는 자는 천하를 다스림에 있어, 여기에다가 올려놓고 보는 것과 같을 것이다." 하시고, 자신의 손바닥을 가리키셨다.

12_ 祭如在하시며
제 여 재

祭神如神在러시다
제 신 여 신 재

子曰 吾不與祭면
자 왈 오 불 예 제

如不祭니라
여 부 제

祭如在하시며

祭神如神在러시다

子曰 吾不與祭면

如不祭니라

선조의 제사를 지낼 적에는 선조가 살아 계신 듯이 하셨으며, 다른 신(外神)께 제사지낼 적에는 그 신이 와 계신 듯이
하셨다.
공자께서 말씀하셨다.
"내가 제사에 참여하지 못하면, 제사를 지내지 않은 것과 같다."

• 祭 제사 제

13_ 王孫賈問曰 與其媚於奧론
왕 손 가 문 왈 　 여 기 미 어 오

寧媚於竈라하니
녕 미 어 조

何謂也잇고
하 위 야

子曰 不然하다
자 왈 　 불 연

獲罪於天이면 無所禱也니라
획 죄 어 천 　 무 소 도 야

王孫賈問曰 與其媚於奧론

寧媚於竈라하니

何謂也잇고

子曰 不然하다

獲罪於天이면 無所禱也니라

왕손가가 물었다.
"아랫목 신에게 잘 보이기보다는 차라리 부엌 신에게 잘 보이라 하니, 무슨 말입니까?"
공자께서 말씀하셨다.
"그렇지 않다. 하늘에 죄를 얻으면 빌 곳이 없다."

• 奧 아랫목 오 寧 차라리 녕 竈 부엌 조 獲 얻을 획 禱 빌 도

14_ 子曰 周監於二代하니
　　자 왈 주 감 어 이 대

郁郁乎文哉라
욱 욱 호 문 재

吾從周호리라
오 종 주

子曰 周監於二代하니

郁郁乎文哉라

吾從周호리라

공자께서 말씀하셨다.
"주(周)나라는 하(夏)·은(殷) 두 나라를 보고 본받았으니, 이룬 문화가 찬란하도다. 나는 주나라를 따르겠다."

• 監 볼 감 郁 빛날 욱

15_

子入大(太)廟하사 每事問하신대
자 입 태 (태) 묘 　 매 사 문

或曰 孰謂鄹人之子를 知禮乎아
혹 왈 숙 위 추 인 지 자 　 지 례 호

入大廟하여 每事問이온여
입 태 묘 　 매 사 문

子聞之하시고 曰 是禮也니라
자 문 지 　 왈 시 례 야

子入大(太)廟하사 每事問하신대

或曰 孰謂鄹人之子를 知禮乎아

入大廟하여 每事問이온여

子聞之하시고 曰 是禮也니라

공자께서 태묘(太廟)에 들어가 매사(每事)를 물으시니, 어떤 사람이 말하기를 "누가 추 땅 사람의 아들(공자)을 일러 예 (禮)를 안다고 하는가? 태묘에 들어가 매사를 묻는구나." 하였다. 공자께서 이 말을 들으시고 말씀하시기를 "매사를 묻 는, 이것이 바로 예이다." 하셨다.

• 廟 사당묘 孰 누구숙 鄹 나라이름추

16_ 子曰 射不主皮는
자 왈 사 부 주 피

爲力不同科니 古之道也니라
위 력 부 동 과 고 지 도 야

子曰 射不主皮는

爲力不同科니 古之道也니라

공자께서 말씀하셨다.
"활을 쏘는 데 과녁의 가죽을 뚫는 것을 주장하지 않는 것은 힘이 동등하지 않기 때문이니,
이것이 옛날의 활 쏘는 도(道)이다."

• 科 등급 과

17_ 子貢이 欲去告朔之餼羊한대
자 공 욕 거 곡 삭 지 희 양

子曰 賜也아 爾愛其羊가 我愛其禮하노라
자 왈 사 야 이 애 기 양 아 애 기 례

子貢이 欲去告朔之餼羊한대

子曰 賜也아 爾愛其羊가 我愛其禮하노라

자공이 초하룻날 태묘에 고하면서 바치는 희생양을 없애려고 하자, 공자께서 말씀하셨다.
"사야! 너는 그 양을 아까워하느냐? 나는 그 예(禮)를 아까워하노라."

• 告 아뢸 곡 朔 초하루 삭 餼 희생 희 愛 아낄 애

18_ 子曰 事君盡禮를 人以爲諂也로다
자왈 사군진례 인이위첨야

子曰 事君盡禮를 人以爲諂也로다

- 공자께서 말씀하셨다.
  "내가 임금을 섬김에 예(禮)를 다하는 것을 세상 사람들이 아첨한다고 말하는구나."

- 盡 다할진

19_ 定公이 問 君使臣하며 臣事君호되 如之何잇고
정공 문 군사신 신사군 여지하

孔子對曰 君使臣以禮하며 臣事君以忠이니이다
공자대왈 군사신이례 신사군이충

定公이 問 君使臣하며 臣事君호되 如之何잇고

孔子對曰 君使臣以禮하며 臣事君以忠이니이다

- 정공이 묻기를 "군주가 신하를 부리며, 신하가 군주를 섬기되 어찌 해야 합니까?" 하자, 공자께서 대답하셨다.
  "군주는 신하를 부리되 예(禮)로써 하고, 신하는 군주를 섬기되 충성으로써 해야 합니다."

- 對 대답할 대 使 부릴 사 事 섬길 사 患 근심 환

20_ 子曰 關雎는
자 왈 관 저

樂而不淫하고
낙 이 불 음

哀而不傷이니라
애 이 불 상

子曰 關雎는

樂而不淫하고

哀而不傷이니라

공자께서 말씀하셨다.
"《시경(詩經)》의 관저(關雎)는 즐거워하되 지나치지 않고, 슬퍼하되 마음의 상처는 주지 않는다."

• 關 빗장 관 雎 물수리 저 樂 즐길 락 淫 지나칠 음 傷 해칠 상

21_ 哀公이 問社於宰我한대
애공 문사어재아

宰我對曰 夏后氏는 以松이요
재아대왈 하후씨 이송

殷人은 以柏이요 周人은 以栗이니
은인 이백 주인 이율

曰 使民戰栗(慄)이니이다
왈 사민전율 (율)

子聞之하시고 曰 成事라 不說하며
자문지 왈 성사 불설

遂事라 不諫하며 旣往이라 不咎로라
수사 불간 기왕 불구

哀公이 問社於宰我한대

宰我對曰 夏后氏는 以松이요

殷人은 以柏이요 周人은 以栗이니

曰 使民戰栗(慄)이니이다

子聞之하시고 曰 成事라 不說하며

遂事라 不諫하며 旣往이라 不咎로라

애공이 재아에게 사(社)에 대하여 물으니,

재아가 대답하기를 "하후씨는 소나무를 심어 사의 신주로 사용하였고,

은(殷)나라 사람들은 잣나무를 사용하였고, 주(周)나라 사람들은 밤나무를 사용하였으니,

밤나무를 사용한 이유는 백성들로 하여금 전율하게 하려고 해서였습니다." 하였다.

공자께서 이를 들으시고 말씀하셨다.

"내 이루어져 끝난 일이라 말하지 않으며, 다 된 일이라 간하지 않으며,

이미 지나간 일이라 탓하지 않는다."

- 社 토지신 사 柏 측백나무 백 栗 두려울 률, 밤나무 률 戰 두려울 전 遂 이룰 수 諫 간할 간 咎 탓할 구

22_ 子曰 管仲之器 小哉라
자 왈 관 중 지 기 소 재

或曰 管仲은 儉乎잇가
혹 왈 관 중 검 호

曰 管氏有三歸하며
왈 관 씨 유 삼 귀

官事를 不攝하니 焉得儉이리오
관 사 불 섭 언 득 검

然則管仲은 知禮乎잇가 曰 邦君이야
연 즉 관 중 지 례 호 왈 방 군

樹塞門이어늘 管氏亦樹塞門하며
수 색 문 관 씨 역 수 색 문

邦君이야 爲兩君之好에 有反坫이어늘
방 군 위 량 군 지 호 유 반 점

管氏亦有反坫하니 管氏而知禮면 孰不知禮리오
관 씨 역 유 반 점 관 씨 이 지 례 숙 부 지 례

子曰 管仲之器 小哉라

或曰 管仲은 儉乎잇가

曰 管氏有三歸하며

官事를 不攝하니 焉得儉이리오

然則管仲은 知禮乎잇가 曰 邦君이야

樹塞門이어늘 管氏亦樹塞門하며

邦君이야 爲兩君之好에 有反坫이어늘

管氏亦有反坫하니

管氏而知禮면 孰不知禮리오

공자께서 말씀하셨다.
"관중의 기국(器局)이 작구나."
어떤 사람이 "관중은 검소했습니까?" 하고 묻자, 공자께서 말씀하셨다.
"관씨는 세 곳(三歸)이라는 누대를 두었으며, 가신의 일을 겸직시키지 않았으니, 어찌 검소하다고 할 수 있겠는가?"
"그러면 관중은 예(禮)를 알았습니까?" 하고 묻자, 공자께서 말씀하셨다.
"나라의 임금이어야 병풍으로 문을 가리는데 관씨도 병풍으로 문을 가렸으며, 나라의 임금이어야 두 임금이 우호로 만날 때에 술잔을 되돌려 놓는 자리를 두는데 관씨도 술잔을 되돌려 놓은 자리를 두었으니, 관씨가 예를 안다면 누가 예를 알지 못하겠는가?"

管 대통 관 器 그릇 기 儉 검소할 검 攝 겸할 섭 塞 막을 색 反 돌이킬 반 坫 잔대 점

23_ 子語魯大(太)師樂曰 樂은 其可知也니
자 어 노 태 (태) 사 악 왈 악 기 가 지 야

始作에 翕如也하여 從(縱)之에 純如也하며
시 작 흡 여 야 종 (종) 지 순 여 야

皦如也하며 繹如也하여 以成이니라
교 여 야 역 여 야 이 성

語魯大(太)師樂曰 樂은 其可知也니

始作에 翕如也하여 從(縱)之에 純如也하며

皦如也하며 繹如也하여 以成이니라

• 作 일어날 작 翕 합할 흡 從 풀어놓을 종 縱 풀어놓을 종 純 화(和)할 순 皦 분명할 교 繹 연할 역 成 끝날 성

24_ 儀封人이 請見日
의 봉 인 청 현 왈

君子之至於斯也에 吾未嘗不得見也로라
군 자 지 지 어 사 야　 오 미 상 부 득 견 야

從者見之한대 出日 二三子는 何患於喪乎리오
종 자 현 지　 출 왈 이 삼 자　 하 환 어 상 호

天下之無道也 久矣라 天將以夫子로 爲木鐸이시리라
천 하 지 무 도 야 구 의　 천 장 이 부 자　 위 목 탁

儀封人이 請見日

君子之至於斯也에 吾未嘗不得見也로라

從者見之한대

出日 二三子는 何患於喪乎리오

天下之無道也 久矣라

天將以夫子로 爲木鐸이시리라

의(儀) 땅에 국경을 관리하는 벼슬아치(봉인)가 뵙기를 청하며 말하기를 "군자가 이곳에 이르렀을 적에 제가 일찍이 만나보지 못한 적이 없었습니다." 하였다. 공자의 수행자인 종자가 뵙게 해주자, 그가 뵙고 나와서 말하였다.
"그대들은 어찌 공자께서 벼슬을 잃음을 걱정할 것이 있겠는가? 천하에 도(道)가 없어진 지 오래되었다. 하늘이 장차 부자로써 목탁으로 삼으실 것이다."

• 封 지경봉 見 뵐현 喪 잃을상 鐸 방울탁

25_ 子謂韶하사되 盡美矣요
자 위 소　　　진 미 의

又盡善也라하시고
우 진 선 야

謂武하사되 盡美矣요
위 무　　　진 미 의

未盡善也라하시다
미 진 선 야

子謂韶하사되 盡美矣요

又盡善也라하시고

謂武하사되 盡美矣요

未盡善也라하시다

• 공자께서 소악을 평하시되 "지극히 아름답고, 지극히 좋다." 하셨고,
무악을 평하시되 "지극히 아름답지만, 지극히 좋지는 못하다." 하셨다.

• 韶 순임금, 음악 소 盡 극진할 진

26_ 子曰 居上不寬하며
자 왈 거 상 불 관

爲禮不敬하며
위 례 불 경

臨喪不哀면
임 상 불 애

吾何以觀之哉리오
오 하 이 관 지 재

子曰 居上不寬하며

爲禮不敬하며

臨喪不哀면

吾何以觀之哉리오

• 공자께서 말씀하셨다.

"윗자리에 있으면서 너그럽지 않으며, 예(禮)를 행하되 경(敬)하지 않으며,

초상에 임하여 슬퍼하지 않는다면 내가 무엇으로 그를 볼 수 있겠는가?"

• 寬 너그러울 관 臨 임할 임 喪 잃을 상

里仁 第四

1_ 子曰 里仁이 爲美하니
자왈 이인 위미

擇不處仁이면 焉得知(智)리오
택 불 처 인 언 득 지 (지)

子曰 里仁이 爲美하니

擇不處仁이면 焉得知(智)리오

- 공자께서 말씀하셨다.
  "마을의 인심이 인후(仁厚)한 것이 아름다우니, 마음을 가려서 인에 처하지 않는다면 어찌 지혜롭다 하겠는가?"

- 爲 될 위　知 지혜 지　擇 가릴 택　處 살 처　焉 어찌 언

2_ 子曰 不仁者는
자 왈 불 인 자

不可以久處約이며
불 가 이 구 처 약

不可以長處樂이니
불 가 이 장 처 락

仁者는 安仁하고
인 자 안 인

知(智)者는 利仁이니라
지 (지) 자 이 인

子曰 不仁者는

不可以久處約이며

不可以長處樂이니

仁者는 安仁하고

知(智)者는 利仁이니라

공자께서 말씀하셨다.
"어질지 못한 자는 오랫동안 곤궁함에 처할 수 없으며 장구하게 즐거움에 처할 수 없으니,
인자(仁者)는 인(仁)을 편안히 여기고 지자(智者)는 인을 이롭게 여긴다."

• 久 오랠구 約 곤궁할약 樂 즐길락 利 이로울리

3_ 子曰 惟仁者아
자 왈 유 인 자

能好人하며
능 호 인

能惡人이니라
능 오 인

子曰 惟仁者아

能好人하며

能惡人이니라

- 공자께서 말씀하셨다.
  "오직 인자여야 사람을 제대로 좋아하고, 사람을 제대로 미워할 수 있다."

- 惟 오직유 惡 미워할오

4_ 子曰 苟志於仁矣면
　　자　왈　구　지　어　인　의

無惡也리라
무　악　야

子曰 苟志於仁矣면

無惡也리라

● 공자께서 말씀하셨다.
　"진실로 인(仁)에 뜻을 두면 악함이 없을 것이다."

● 苟 진실로 구, 만일 구

5_ 子曰 富與貴 是人之所欲也나
자왈 부여귀 시인지소욕야

不以其道로 得之어든 不處也하며
불이기도 득지 불처야

貧與賤이 是人之所惡也나
빈여천 시인지소오야

不以其道로 得之라도 不去也니라
불이기도 득지 불거야

君子去仁이면 惡乎成名이리오
군자거인 오호성명

君子無終食之間을 違仁이니
군자무종식지간 위인

造次에 必於是하며 顚沛에 必於是니라
조차 필어시 전패 필어시

子曰 富與貴 是人之所欲也나

不以其道로 得之어든 不處也하며

貧與賤이 是人之所惡也나

不以其道로 得之라도 不去也니라

君子去仁이면 惡乎成名이리오

君子無終食之間을 違仁이니

造次에 必於是하며 顚沛에 必於是니라

● 공자께서 말씀하셨다.

"부유함과 귀함은 사람들이 바라는 것이나, 정상적인 방법으로 얻지 않았으면 거기에 머무르지 않으며, 가난함과 천함은 사람들이 싫어하는 것이나, 정상적인 방법으로 얻지 않았다 하더라도 버리지 않아야 한다.

군자가 인(仁)을 떠나면 어찌 군자라는 이름을 이룰 수 있겠는가?

군자는 밥 한 번 먹는 동안에도 인을 떠남이 없으니, 경황 중에도 이 인을 반드시 행하며, 위급한 상황에도 이 인을 반드시 행하여야 한다."

● 處 살 처 去 버릴 거 惡 어찌 오 違 떠날 위 造 창졸(倉卒) 조, 갑자기 조 顚 넘어질 전 沛 자빠질 패

6 子曰 我未見好仁者와 惡不仁者로라
자 왈 아 미 견 호 인 자 　 오 불 인 자

好仁者는 無以尙之요
호 인 자 　 무 이 상 지

惡不仁者는 其爲仁矣에
오 불 인 자 　 기 위 인 의

不使不仁者로 加乎其身이니라
블 사 블 인 자 　 가 효 기 신

有能一日用其力於仁矣乎아
유 능 일 일 용 기 력 어 인 의 호

我未見力不足者로라
아 미 견 력 부 족 자

蓋有之矣어늘 我未之見也로다
개 유 지 의 　 아 미 지 견 야

子曰 我未見好仁者와 惡不仁者로라

好仁者는 無以尙之요

惡不仁者는 其爲仁矣에

不使不仁者로 加乎其身이니라

有能一日用其力於仁矣乎아

我未見力不足者로라

蓋有之矣어늘 我未之見也로다

공자께서 말씀하셨다.

"나는 인(仁)을 좋아하는 자와 불인(不仁)을 미워하는 자를 보지 못하였다. 인을 좋아하는 자는 이 인보다 더 좋은 것이 없고, 불인을 미워하는 자는 그가 인을 행할 적에 불인한 것으로 하여금 자기 몸에 가해지지 못하게 한다. 하루라도 그 힘을 인에 쓴 자가 있는가? 나는 이렇게 하고서 힘이 부족한 자를 아직 보지 못하였노라. 아마도 그런 사람이 있을 터인데 내가 아직 보지 못하였나 보다."

- 尙 더할 상 蓋 아마도 개

7_ 子曰 人之過也 各於其黨이니
자 왈 인 지 과 야 각 어 기 당

觀過면 斯知仁矣니라
관 과 사 지 인 의

子曰 人之過也 各於其黨이니

觀過면 斯知仁矣니라

• 공자께서 말씀하셨다.
"사람의 과실은 각기 그 부류대로 하니, 그 사람의 과실을 보면 인(仁)한지 인하지 않은지를 알 수 있다."

• 黨 무리 당 斯 이 사

8_ 子曰 朝聞道면 夕死라도 可矣니라
자 왈 조 문 도 석 사 가 의

子曰 朝聞道면 夕死라도 可矣니라

• 공자께서 말씀하셨다.
"아침에 도(道)를 들으면 저녁에 죽어도 괜찮다."

• 聞 들을 문 夕 저녁 석

9_ 子曰
　　자 왈

士志於道而恥惡衣惡食者는
사 지 어 도 이 치 악 의 악 식 자

未足與議也니라
미 족 여 의 야

子曰

士志於道而恥惡衣惡食者는

未足與議也니라

●　공자께서 말씀하셨다.
　　"선비가 도(道)에 뜻을 두고서 나쁜 옷을 입고 나쁜 음식을 먹는 것을 부끄러워하는 자는 더불어 도를 의논할 수 없다."

●　惡 나쁠 악　議 의논할 의

10_ 子曰 君子之於天下也에 無適也하며
자왈 군자지어천하야 무적야

無莫也하여 義之與比니라
무막야 의지여비

子曰 君子之於天下也에 無適也하며

無莫也하여 義之與比니라

공자께서 말씀하셨다.
"군자는 천하의 일에 있어 오로지 주장함도 없으며 그렇게 하지 않는다는 것도 없어서 오직 의(義)를 따른다.

• 適 주장할 적 莫 불가할 막, 즐겨하지 않을 막 比 따를 비

11_ 子曰 君子는 懷德하고 小人은 懷土하며
자왈 군자 회덕 소인 회토

君子는 懷刑하고 小人은 懷惠니라
군자 회형 소인 회혜

子曰 君子는 懷德하고 小人은 懷土하며

君子는 懷刑하고 小人은 懷惠니라

공자께서 말씀하셨다.
"군자는 덕(德)을 생각하고, 소인은 처한 바의 편안함을 생각하며,
군자는 형법(刑法)을 생각하고 소인은 이익을 생각한다."

• 懷 생각할 회

12_ 子曰 放於利而行이면 多怨이니라
자 왈 방 어 리 이 행　　　　다 원

子曰 放於利而行이면 多怨이니라

공자께서 말씀하셨다.
"이익에 따라 행동하면 원망이 많다."

- 放 따를 방 怨 원망할 원

13_ 子曰 能以禮讓이면 爲國乎에 何有며
자 왈 능 이 례 양　　　위 국 호　　하 유
不能以禮讓爲國이면 如禮何오
불 능 이 례 양 위 국　　　여 례 하

子曰 能以禮讓이면 爲國乎에 何有며
不能以禮讓爲國이면 如禮何오

공자께서 말씀하셨다.
"능히 예(禮)와 겸양(謙讓)으로써 한다면 나라를 다스림에 무슨 어려움이 있으며,
예와 겸양으로써 나라를 다스리지 못한다면 예를 어찌 행하겠는가?"

- 讓 사양할 양 爲 다스릴 위

14_ 子曰 不患無位요
자 왈 불 환 무 위

患所以立하며
환 소 이 립

不患莫己知요
불 환 막 기 지

求爲可知也니라
구 위 가 지 아

子曰 不患無位요

患所以立하며

不患莫己知요

求爲可知也니라

• 공자께서 말씀하셨다.
"지위가 없음을 걱정하지 말고, 지위에 설 수 있는 방법을 걱정하며,
자신을 알아주는 이가 없음 걱정하지 말고, 알려질 만한 사람이 되기를 힘써야 한다."

• 患 근심 환

15_ 子曰 參乎아
　　　자왈 삼 호

吾道는 一以貫之니라 曾子曰 唯라
오 도　　일 이 관 지　　　증 자 왈 유

子出커시늘 門人이 問曰 何謂也잇고
자 출　　　문 인　 문 왈 하 위 야

曾子曰 夫子之道는 忠恕而已矣시니라
증 자 왈 부 자 지 도　 충 서 이 이 의

子曰 參乎아

吾道는 一以貫之니라 曾子曰 唯라

子出커시늘 門人이 問曰 何謂也잇고

曾子曰 夫子之道는 忠恕而已矣시니라

공자께서 말씀하시기를 "삼아! 나의 도(道)는 한 가지 이(理)가 만 가지 일을 꿰뚫고 있다." 하시니,
증자가 "예." 하고 대답하였다.
공자께서 나가시자, 문인들이 "무슨 말씀입니까?" 하고 물으니, 증자가 대답하였다.
"부자(夫子)의 도는 충(忠)과 서(恕) 뿐이다."

• 參 사람이름삼 貫 꿸관 唯 빨리대답할유

16_ 子曰 君子는 喻於義하고
자왈 군자 유 어 의

小人은 喻於利니라
소 인 유 어 리

子曰 君子는 喻於義하고

小人은 喻於利니라

공자께서 말씀하셨다.
"군자는 의(義)에 밝고, 소인은 이(利)에 밝다."

• 喻 깨달을 유

17_ 子曰 見賢思齊焉하며
자왈 견 현 사 제 언

見不賢而內自省也니라
견 불 현 이 내 자 성 야

子曰 見賢思齊焉하며

見不賢而內自省也니라

공자께서 말씀하셨다.
"어진사람의 훌륭한 행실을 보고는 그와 같기를 생각하며,
어질지 못한 사람의 나쁜 행실을 보고는 자신도 그러한가 안으로 스스로 반성해야 한다."

• 齊 같을 제

18_ 子曰 事父母호되 幾諫이니 見志不從하고
자왈 사부모 기간 견지부종

又敬不違하며 勞而不怨이니라
우 경 불 위 노 이 불 원

子曰 事父母호되 幾諫이니 見志不從하고
又敬不違하며 勞而不怨이니라

- 공자께서 말씀하셨다.
  "부모를 섬기되 은미하게(살며시) 말씀드려야 하니,
  부모의 뜻이 내 말을 따르지 않음을 당하더라도 더욱 공경하고, 어기지 않으며, 수고로워도 원망하지 않아야 한다."

- 幾 은미할 기 諫 간할 간 違 떠날 위

19_ 子曰 父母在어시든 不遠遊하며 遊必有方이니라
자왈 부모재 불원유 유필유방

子曰 父母在어시든 不遠遊하며 遊必有方이니라

- 공자께서 말씀하셨다.
  "부모가 생존해 계시거든 먼 데 가지 말며, 갈 때에는 반드시 일정한 장소를 정해두어야 한다."

- 遊 놀 유 方 방소 방

20_ 子曰 三年을 無改於父之道라야
자 왈 삼 년 무 개 어 부 지 도

可謂孝矣니라
가 위 효 의

子曰 三年을 無改於父之道라야

可謂孝矣니라

공자께서 말씀하셨다.
"3년 동안 아버지의 도(행실)를 고침이 없어야 효(孝)라고 이를 수 있다."

21_ 子曰 父母之年은 不可不知也니
자 왈 부 모 지 년 불 가 부 지 야

一則以喜요 一則以懼니라
일 즉 이 희 일 즉 이 구

子曰 父母之年은 不可不知也니

一則以喜요 一則以懼니라

공자께서 말씀하셨다.
"부모의 나이는 기억하지 않으면 안 되니,
부모의 나이를 기억하고 있으면 한편으로는 기쁘고 한편으로는 두렵다."

• **喜** 기쁠 희 **懼** 두려워할 구

22__ 子曰 古者에 言之不出은
자왈 고자 언지불출

恥躬之不逮也니라
치 궁 지 불 체 야

子曰 古者에 言之不出은
恥躬之不逮也니라

공자께서 말씀하셨다.
"옛날에 말을 함부로 내지 않은 것은 궁행(躬行)이 미치지 못함을 부끄러워해서였다."

- 恥 부끄러울 치 躬 몸 궁 逮 미칠 체

23__ 子曰 以約失之者 鮮矣니라
자왈 이약실지자 선의

子曰 以約失之者 鮮矣니라

공자께서 말씀하셨다.
"검속(檢束)함으로써 도(道)를 잃는 자는 거의 없다."

- 約 묶을 약 鮮 드물 선

24_ 子曰 君子는
자왈 군자

欲訥於言而敏於行이니라
욕 눌 어 언 이 민 어 행

子曰 君子는

欲訥於言而敏於行이니라

공자께서 말씀하셨다.
"군자는 말은 어눌하고자 하고, 실행은 민첩하고자 한다."

- 訥 어눌할 눌 敏 민첩할 민

25_ 子曰 德不孤라
자왈 덕불고

必有鄰이니라
필 유 린

子曰 德不孤라

必有鄰이니라

공자께서 말씀하셨다.
"덕(德)은 외롭지 않아 반드시 이웃이 있다."

- 孤 외로울 고 鄰 이웃 린

26_ 子游曰 事君數이면
자유왈 사군삭

斯辱矣요
사 욕 의

朋友數이면
붕우삭

斯疏矣니라
사 소 의

子游曰 事君數이면

斯辱矣요

朋友數이면

斯疏矣니라

- 자유가 말하였다.
  "임금을 섬김에 자주 간하면 욕(辱)을 당하고, 친구 사이에 자주 충고하면 소원해진다."

- 辱 욕될욕

公冶長 第五

論語

1_

子謂公冶長하사되 可妻也로다
자 위 공 야 장   가 처 야

雖在縲絏之中이나 非其罪也라하시고
수 재 루 설 지 중   비 기 죄 야

以其子로 妻之하시다
이 기 자   처 지

子謂南容하사되 邦有道에 不廢하며
자 위 남 용   방 유 도   불 폐

邦無道에 免於刑戮이라하시고
방 무 도   면 어 형 륙

以其兄之子로 妻之하시다
이 기 형 지 자   처 지

子謂公冶長하사되 可妻也로다

雖在縲絏之中이나 非其罪也라하시고

以其子로 妻之하시다

子謂南容하사되 邦有道에 不廢하며

邦無道에 免於刑戮이라하시고

以其兄之子로 妻之하시다

- 공자께서 공야장을 두고 평하시기를 "딸을 시집보내어 사위 삼을 만하다. 비록 포승으로 묶여 옥중(獄中)에 있었으나, 그의 죄가 아니었다." 하시고, 당신의 딸을 그에게 시집 보내셨다.
  공자께서 남용을 두고 평하시기를 "나라에 도(道)가 있을 때에는 버려지지 않을 것이요. 나라에 도가 없을 때에는 형벌을 면할 것이다." 하시고, 형님의 딸을 그에게 시집보내셨다.

- 冶 풀무 야 妻 시집보낼 처 縲 끈 루 絏 묶을 설 邦 나라 방 廢 폐할 폐 戮 죽일 륙

2—

子謂子賤하사되
자 위 자 천

君子哉라 若人이여
군 자 재　　약 인

魯無君子者면
노 무 군 자 자

斯焉取斯리오
사 언 취 사

子謂子賤하사되

君子哉라 若人이여

魯無君子者면

斯焉取斯리오

공자께서 자천을 두고 평하셨다.
"군자답다. 이 사람이여. 노(魯)나라에 군자가 없었다면 이 사람이 어디에서 이러한 덕을 취했겠는가?"

• 焉 어찌언

3_ 子貢이 問曰 賜也는 何如하니잇고
　　자공　　문왈　사야　　　하여

子曰 女(汝)는 器也니라
자왈　여 (여)　　기야

曰 何器也잇고 曰 瑚璉也니라
왈　하기야　　　왈　호련야

子貢이 問曰 賜也는 何如하니잇고

子曰 女(汝)는 器也니라

曰 何器也잇고 曰 瑚璉也니라

• 자공이 "저(賜)는 어떻습니까?" 하고 묻자, 공자께서 "너는 그릇이다." 하셨다.
"어떤 그릇입니까" 하고 다시 묻자, "호(瑚)・련(璉)이다." 하고 대답하셨다.

• 女 너 여　器 그릇 기　瑚 제기 호　璉 제기 련

4_ 或曰 雍也는 仁而不佞이로다
혹 왈 옹 야 인 이 불 녕

子曰 焉用佞이리오
자 왈 언 용 녕

禦人以口給하여 屢憎於人하나니
어 인 이 구 급 누 중 어 인

不知其仁이어니와 焉用佞이리다
부 지 기 인 언 용 녕

或曰 雍也는 仁而不佞이로다

子曰 焉用佞이리오

禦人以口給하여 屢憎於人하나니

不知其仁이어니와 焉用佞이리다

어떤 사람이 말하기를 "옹(雍)은 어질기는 하나 말재주가 없습니다." 하였다.
공자께서 말씀하셨다.
"말재주를 어디에다 쓰겠는가? 구변으로 남의 말을 막아서 자주 남에게 미움만 받으니,
그가 인(仁)한지는 모르겠으나 말재주를 어디에다 쓰겠는가?"

• 雍 화락할 옹 佞 말잘할 녕 禦 막을 어 給 말잘할 급 屢 여러 루 憎 미워할 증

5_ 子使漆雕開로 仕하신대
자 사 칠 조 개 사

對曰 吾斯之未能信이로소이다
대 왈 오 사 지 미 능 신

子說하시다
자 열

子使漆雕開로 仕하신대

對曰 吾斯之未能信이로소이다

子說하시다

- 공자께서 칠조개에게 벼슬을 하도록 권하시자, 그가 대답하기를 "저는 이것(벼슬함)에 대해 아직 자신할 수 없습니다."
  하니, 공자께서 기뻐하셨다.

- 漆 옻칠 칠 雕 새길 조 開 열 개

6_ 子曰 道不行이라 乘桴하여 浮于海호리니
자왈 도불행 승부 부우해

從我者는 其由與인저 子路聞之하고 喜한대
종아자 기유여 자로문지 회

子曰 由也는 好勇이 過我나 無所取材(裁)로다
자왈 유야 호용 과아 무소취재 (재)

子曰 道不行이라 乘桴하여 浮于海호리니

從我者는 其由與인저 子路聞之하고 喜한대

子曰 由也는 好勇이 過我나 無所取材(裁)로다

공자께서 말씀하시기를 "나의 도(道)가 행해지지 않는다. 내가 뗏목을 타고 바다를 항해하려 하노니,
나를 따라올 사람은 아마도 유(자로)일 것이다." 하셨다. 자로가 이 말씀을 듣고 기뻐하자,
공자께서 "유는 용맹을 좋아함이 나보다 나으나, 사리를 헤아려 의(義)에 맞게 하는 것이 없다." 하셨다.

• 乘 탈승 桴 뗏목부 浮 뜰부 材 마름질할 재

7-1_ 孟武伯이 問 子路仁乎잇가
맹 무 백　　문　자 로 인 호

子曰 不知也로라
자 왈　부 지 야

又問한대 子曰 由也는 千乘之國에
우 문　　자 왈 유 야　천 승 지 국

可使治其賦也어니와 不知其仁也로라
가 사 치 기 부 야　　　부 지 기 인 야

孟武伯이 問 子路仁乎잇가

子曰 不知也로라

又問한대 子曰 由也는 千乘之國에

可使治其賦也어니와 不知其仁也로라

- 맹무백이 "자로는 인(仁)합니까?" 하고 묻자, 공자께서 "알지 못하겠다." 하고 대답하셨다.
  다시 묻자, 공자께서 대답하셨다.
  "유는 천승의 나라에 군(軍)을 다스리게 할 수는 있거니와 그가 인한지는 알지 못하겠다."

- 路 길 로　乘 수레 승　賦 군사 부

7-2_ 求也는 何如하니잇고
구 야　하 여

子曰 求也는 千室之邑과 百乘之家에
자 왈 구 야　천 실 지 읍　백 승 지 가

可使爲之宰也어니와 不知其仁也로라
가 사 위 지 재 야　부 지 기 인 야

赤也는 何如하니잇고
적 야　하 여

子曰 赤也는 束帶立於朝하여
자 왈 적 야　속 대 입 어 조

可使與賓客言也어니와 不知其仁也로라
가 사 여 빈 객 언 야　부 지 기 인 야

求也는 何如하니잇고

子曰 求也는 千室之邑과 百乘之家에

可使爲之宰也어니와 不知其仁也로라

赤也는 何如하니잇고

子曰 赤也는 束帶立於朝하여

可使與賓客言也어니와 不知其仁也로라

"구(염유)는 어떻습니까?" 하고 묻자, 공자께서 말씀하셨다.

"구는 천실(천호)의 큰 읍과 백승(경대부)의 집안에 재가 되게 할 수는 있거니와 그가 인한지는 알지 못하겠다."

"적은 어떻습니까?" 하고 묻자, 공자께서 말씀하셨다.

"적은 예복을 입고 띠를 묶고서 조정에 서서 빈객(외교사신)을 맞아 말하게 할 수는 있거니와 그가 인한지는 알지 못하겠다."

- 宰 읍재 재, 가신 재 束 묶을 속 帶 띠 대

8_ 子謂子貢曰 女與回也로 孰愈오
자 위 자 공 왈 여 여 회 야 숙 유

對曰 賜也何敢望回리잇고
대 왈 사 야 하 감 망 회

回也는 聞一以知十하고
회 야 문 일 이 지 십

賜也는 聞一以知二하노이다
사 야 문 일 이 지 이

子曰 弗如也니라 吾與女의 弗如也하노라
자 왈 불 여 야 오 여 녀 불 여 야

공자께서 자공에게 이르시기를 "너는 안회와 더불어 누가 나으냐?" 하시자,
대답하기를 "제가 어찌 감히 안회를 바라겠습니까. 안회는 하나를 들으면 열을 알고,
저는 하나를 들으면 둘을 압니다." 하였다.
공자께서 말씀하셨다.
"네가 안회만 못하다. 나는 네가 그만 못함을 허여(인정)한다."

• 孰 누구숙 愈 나을유 望 바랄망 與 허여할여

9_ 宰予晝寢이어늘 子曰 朽木은 不可雕也요
재여주침 자왈 후목 불가조야

糞土之墻은 不可杇也니 於予與에 何誅리오
분토지장 불가오야 어여여 하주

子曰 始吾於人也에 聽其言而信其行이러니
자왈 시오어인야 청기언이신기행

今吾於人也에 聽其言而觀其行하노니
금오어인야 청기언이관기행

於予與에 改是로라
어여여 개시

宰予晝寢이어늘 子曰 朽木은 不可雕也요

糞土之墻은 不可杇也니 於予與에 何誅리오

子曰 始吾於人也에 聽其言而信其行이러니

今吾於人也에 聽其言而觀其行하노니

於予與에 改是로라

재여가 낮잠을 자자, 공자께서 말씀하셨다.
"썩은 나무는 조각할 수 없고, 거름흙으로 쌓은 담장은 흙손질할 수가 없다. 내 재여에 대하여 어찌 꾸짖을 것이 있겠는가?"
공자께서 말씀하셨다.
"내가 처음에는 남에 대하여 그의 말을 듣고 그의 행실을 그대로 믿었는데, 지금 나는 남에 대하여 그의 말을 듣고 다시
그의 행실을 살펴보노니, 나는 재여에게서 이것을 고치게 되었노라."

● 予 나 여 晝 낮 주 寢 잠잘 침 朽 썩을 후 雕 새길 조 糞 거름 분 墻 담 장 杇 흙손질할 오 誅 꾸짖을 주

10_ 子曰 吾未見剛者로라
자왈 오 미 견 강 자

或對曰 申棖이니이다
혹 대 왈 신 정

子曰 棖也는 慾이어니
자왈 정 야 욕

焉得剛이리오
언 득 강

子曰 吾未見剛者로라

或對曰 申棖이니이다

子曰 棖也는 慾이어니

焉得剛이리오

공자께서 "나는 아직 강한 자를 보지 못하였다."고 하시자, 어떤 사람이 "신정입니다." 하고 대답하였다.
공자께서 말씀하셨다.
"신정은 욕심이니, 어찌 강할 수 있겠는가?"

• 剛 굳셀 강 棖 문설주 정 慾 욕심 욕

11_ 子貢曰 我不欲人之加諸我也를
자공왈 아불욕인지가저아야

吾亦欲無加諸人하노이다
오역욕무가저인

子曰 賜也아 非爾所及也니라
자왈 사야 비이소급야

子貢曰 我不欲人之加諸我也를

吾亦欲無加諸人하노이다

子曰 賜也아 非爾所及也니라

자공이 말하기를 "저는 남이 저에게 가(加)하기를 원하지 않는 일을 저도 남에게 가하지 않으려고 합니다." 하자, 공자께서 말씀하셨다.
"사야, 이것은 네가 미칠 바가 아니다."

- 爾 너 이

12_ 子貢曰 夫子之文章은
자공왈 부자지문장

可得而聞也어니와
가 득 이 문 야

夫子之言性與天道는
부 자 지 언 성 여 천 도

不可得而聞也니라
불 가 득 이 문 야

子貢曰 夫子之文章은

可得而聞也어니와

夫子之言性與天道는

不可得而聞也니라

자공이 말하였다.
"부자의 문장은 얻어 들을 수 있으나, 부자께서 성과 천도를 말씀하심은 얻어 들을 수 없다."

13_ 　子路는 有聞이요
　　　자로　유문

　　未之能行하얀
　　　미 지 능 행

　　唯恐有聞하더라
　　　유 공 유 문

子路는 有聞이요

未之能行하얀

唯恐有聞하더라

● 자로는 좋은 말을 듣고 아직 그것을 실행하지 못했으면 행여 다른 말을 들을까 두려워 하였다.

14_ 子貢이 問曰 孔文子를
자공 문왈 공문자

何以謂之文也잇고
하 이 위 지 문 야

子曰 敏而好學하며 不恥下問이라
자 왈 민 이 호 학 불 치 하 문

是以로 謂之文也니라
시 이 위 지 문 야

子貢이 問曰 孔文子를

何以謂之文也잇고

子曰 敏而好學하며 不恥下問이라

是以로 謂之文也니라

자공이 "공문자를 어찌하여 문(文)이라고 시호하였습니까?" 하고 묻자, 공자께서 다음과 같이 대답하셨다.
"명민하면서도 배우기를 좋아하였으며 아랫사람에게 묻기를 부끄러워하지 않았다. 이 때문에 문이라 시호한 것이다."

15_

子謂子産하사되 有君子之道四焉하니
자위자산　　　유군자지도사언

其行己也恭하며 其事上也敬하며
기행기야공　　　기사상야경

其養民也惠하며 其使民也義니라
기양민야혜　　　기사민야의

子謂子産하사되 有君子之道四焉하니

其行己也恭하며 其事上也敬하며

其養民也惠하며 其使民也義니라

공자께서 자산을 두고 평하셨다.
"군자의 도(道)가 네 가지가 있었으니, 몸가짐이 공손하며, 윗사람을 섬김에 공경하며,
백성을 기름이 은혜로우며, 백성을 부림에 의로웠다."

16_ 子曰 晏平仲은 善與人交로다
자왈 안평중 선여인교

久而敬之온여
구 이 경 지

子曰 晏平仲은 善與人交로다

久而敬之온여

공자께서 말씀하셨다.
"안평중은 남과 사귀기를 잘하도다. 오래되어도 공경하는구나."

● 晏 늦을안 仲 버금중

17_ 子曰 臧文仲이 居蔡호되
자왈 장문중 거채

山節藻梲하니 何如其知也리오
산 절 조 절 하 여 기 지 야

子曰 臧文仲이 居蔡호되

山節藻梲하니 何如其知也리오

공자께서 말씀하셨다.
"장문중이 점복(占卜)에 쓰는 큰 거북 껍질을 보관하되 보관하는 집 기둥머리의 두공(斗栱)에는 산을 조각하고
들보 위의 동자기둥에는 수초인 마름을 그렸으니, 어찌 그가 지혜롭다 하는가?"

● 蔡 거북 채 節 기둥 절 藻 마름풀 조 梲 동자기둥 절

18-1 子張이 問曰 令尹子文이 三仕爲令尹호되
자장 문왈 영윤자문 삼사위영윤

無喜色하며 三已之호되 無慍色하여
무희색 삼이지 무온색

舊令尹之政을 必以告新令尹하니 何如하니잇고
구영윤지정 필이고신영윤 하여

子曰 忠矣니라
자왈 충의

曰 仁矣乎잇가 曰 未知로라 焉得仁이리오
왈 인의호 왈 미지 언득인

子張이 問曰 令尹子文이 三仕爲令尹호되

無喜色하며 三已之호되 無慍色하여

舊令尹之政을 必以告新令尹하니 何如하니잇고

子曰 忠矣니라

曰 仁矣乎잇가 曰 未知로라 焉得仁이리오

- 자장이 묻기를 "영윤인 자문이 세 번 벼슬하여 영윤이 되었으나 기뻐하는 기색이 없었고, 세 번 벼슬을 그만두었으나 서운해 하는 기색이 없어서 옛날 자신이 맡아보던 영윤의 정사를 반드시 새로 부임해온 영윤에게 일러주었으니, 어떻습니까?" 하고 묻자, 공자께서 "충성스럽다."라고 대답하셨다.
"인(仁)이라고 할 만합니까?" 하고 다시 묻자, "모르겠다. 어찌 인이 될 수 있겠는가?" 하셨다.

- 慍 성낼온 舊 옛구

18-2_ 崔子弑齊君이어늘
최 자 시 제 군

陳文子有馬十乘이러니
진 문 자 유 마 십 승

棄而違之하고 至於他邦하여
기 이 위 지 　 지 어 타 방

則日 猶吾大夫崔子也라하고 違之하며 之一邦하여
즉 왈 유 오 대 부 최 자 야 　 위 지 　 지 일 방

則又日 猶吾大夫崔子也라하고 違之하니
즉 우 왈 유 오 대 부 최 자 야 　 위 지

何如하니잇고 子日 淸矣니라
하 여 　 자 왈 청 의

日 仁矣乎잇가 日 未知로라 焉得仁이리오
왈 인 의 호 　 왈 미 지 　 언 득 인

崔子弑齊君이어늘

陳文子有馬十乘이러니

棄而違之하고 至於他邦하여

則日 猶吾大夫崔子也라하고

違之하며 之一邦하여

則又日 猶吾大夫崔子也라하고 違之하니

何如하니잇고 子日 淸矣니라

日 仁矣乎잇가 日 未知로라 焉得仁이리오

- "최자가 제(齊)나라 임금을 시해하자, 진문자가 말 10승(乘)을 소유하고 있었는데, 이것을 버리고 그 곳을 떠나 다른 나라에 이르러서 말하기를 '이 사람도 우리나라 대부 최자와 같다.' 하고 그 곳을 떠났으며, 다른 한 나라에 이르러서 또 말하기를 '이 사람 역시 우리나라 대부 최자와 같다.' 하고 떠났으니, 어떻습니까?" 하고 묻자, 공자께서 "깨끗하다." 하고 대답하셨다.
"인이라고 할 만합니까?" 하고 다시 묻자, "모르겠다. 어찌 인이 될 수 있겠는가?" 하셨다.

- 弑 죽일 시 棄 버릴 기 違 떠날 위 猶 같을 유 清 깨끗할 청

19_ 季文子三思而後에 行하더니
계 문 자 삼 사 이 후 행

子聞之하시고 曰 再斯可矣니라
자 문 지 왈 재 사 가 의

季文子三思而後에 行하더니

子聞之하시고 曰 再斯可矣니라

• 계문자가 세 번 생각한 뒤에 행하였는데, 공자께서 이 말을 들으시고 말씀하셨다.
"두 번이면 된다 하셨다."

• 季끝계

20_ 子曰 甯武子邦有道則知(智)하고
자왈 영무자방유도즉지 (지)

邦無道則愚하니
방무도즉우

其知는 可及也어니와
기지 가급야

其愚는 不可及也니라
기우 불가급야

子曰 甯武子邦有道則知(智)하고

邦無道則愚하니

其知는 可及也어니와

其愚는 不可及也니라

공자께서 말씀하셨다.

"영무자는 나라에 도(道)가 있을 때에는 지혜로웠고, 나라에 도가 없을 때에는 어리석었으니,

그의 지혜는 미칠 수 있으나 그의 어리석음은 미칠 수 없다."

• 甯 편안녕 (영) 愚 어리석을 우

21_ 子在陳하사
자 재 진

曰 歸與歸與인저
왈 귀 여 귀 여

吾黨之小子狂簡하여
오 당 지 소 자 광 간

斐然成章이요 不知所以裁之로다
비 연 성 장   부 지 소 이 재 지

子在陳하사

曰 歸與歸與인저

吾黨之小子狂簡하여

斐然成章이요 不知所以裁之로다

• 공자께서 진(陳)나라에 계시면서 말씀하셨다.
"돌아가야겠다. 돌아가야겠다. 오당의 소자들이 뜻은 크나, 일에는 소략하여, 찬란하게 문장을 이루었고 그것을 마름질할 줄을 알지 못하는구나."

• 黨 무리 당, 마을 당 狂 미칠 광 簡 간략할 간 斐 문채날 비 裁 마름질할 재

22_ 子曰 伯夷叔齊는
자왈 백이숙제

不念舊惡이라
불념구악

怨是用希니라
원시용희

子曰 伯夷叔齊는

不念舊惡이라

怨是用希니라

- 공자께서 말씀하셨다.
  "백이와 숙제는 사람들이 옛날에 저지른 악행을 생각하지 않았다. 이 때문에 원망하는 사람이 드물었다."

- 念 생각할 념 希 드물 희

23__ 子曰 孰謂微生高直고
자왈 숙위미생고직

或이 乞醯焉이어늘
혹 걸혜언

乞諸其鄰而與之온여
걸저기린이여지

子曰 孰謂微生高直고

或이 乞醯焉이어늘

乞諸其鄰而與之온여

공자께서 말씀하셨다.

"누가 미생고를 정직하다 하는가. 어떤 사람이 식초(혜)를 빌리러 오자, 그의 이웃집에서 빌어다가 주는구나."

• 微 작을 미 乞 빌걸 醯 초혜 鄰 이웃 린

24_ 子曰 巧言令色足恭을
자왈 교언영색주공

左丘明이 恥之러니 丘亦恥之하노라
좌구명 치지 구역치지

匿怨而友其人을 左丘明이 恥之러니 丘亦恥之하노라
익원이우기인 좌구명 치지 구역치지

子曰 巧言令色足恭을

左丘明이 恥之러니 丘亦恥之하노라

匿怨而友其人을 左丘明이 恥之러니

丘亦恥之하노라

공자께서 말씀하셨다.

"말을 듣기 좋게 하고 얼굴빛을 곱게 하고 공손을 지나치게 함을 옛날 좌구명이 부끄러워하였는데,
나 또한 이것을 부끄러워하노라. 원망을 감추고 그 사람과 친한 체 하는 것을 좌구명이 부끄러워하였는데, 나 또한 이것을
부끄러워하노라."

● 足 지나칠주 匿 숨길닉

25_ 顔淵季路侍러니 子曰 盍各言爾志오
안 연 계 로 시 　 자 왈 합 각 언 이 지

子路曰 願車馬衣輕裘를 與朋友共하여
자 로 왈 원 거 마 의 경 구 　 여 붕 우 공

敝之而無憾하노이다
폐 지 이 무 감

顔淵曰 願無伐善하며 無施勞하노이다
안 연 왈 원 무 벌 선 　 무 시 로

子路曰 願聞子之志하노이다
자 로 왈 원 문 자 지 지

子曰 老者를 安之하며
자 왈 노 자 　 안 지

朋友를 信之하며 少者를 懷之니라
붕 우 　 신 지 　 소 자 　 회 지

顔淵季路侍러니 子曰 盍各言爾志오

子路曰 願車馬衣輕裘를 與朋友共하여

敝之而無憾하노이다

顔淵曰 願無伐善하며 無施勞하노이다

子路曰 願聞子之志하노이다

子曰 老者를 安之하며

朋友를 信之하며 少者를 懷之니라

- 안연과 계로(자로)가 공자를 모시고 있었는데, 공자께서 "어찌 각기 너희들의 뜻을 말하지 않는가?" 하셨다.

  자로가 말하였다.

  "수레와 말과 가벼운 갖옷을 친구들과 함께 써서 해지더라도 유감이 없고자 합니다."

  안연이 말하였다.

  "자신의 잘함을 자랑함이 없으며 공로를 과장함이 없고자 합니다."

  자로가 "선생님의 뜻을 듣고자 합니다." 하자, 공자께서 말씀하셨다.

  "늙은이를 편안하게 해주고, 벗을 미덥게 해주고, 젊은이를 감싸주는 것이다."

- 盍 어찌아니 합 裘 갖옷 구 敝 해질 폐 憾 한스러울 감 伐 자랑할 벌 施 자랑할 시, 베풀 시 勞 공

26_ 子曰 已矣乎라
자왈 이의호

吾未見能見其過而內自訟者也로라
오 미 견 능 견 기 과 이 내 자 송 자 야

子曰 已矣乎라

吾未見能見其過而內自訟者也로라

공자께서 말씀하셨다.
"어쩔 수 없구나! 나는 아직 자신의 허물을 보고서, 마음으로 자책하는 자를 보지 못하였다."

- 已 그칠 이 訟 꾸짖을 송

27_ 子曰 十室之邑에
자 왈 십 실 지 읍

必有忠信如丘者焉이어니와
필 유 충 신 여 구 자 언

不如丘之好學也니라
불 여 구 지 호 학 야

子曰 十室之邑에

必有忠信如丘者焉이어니와

不如丘之好學也니라

공자께서 말씀하셨다.
"10실이 되는 조그만 읍에도 반드시 나(구)처럼 충신한 자가 있지만 나처럼 배우기를 좋아하지는 못할 것이다."

雍也 第六

1_ 子曰 雍也는 可使南面이로다
자 왈 옹 야 가 사 남 면

仲弓이 問子桑伯子한대
중 궁 문 자 상 백 자

子曰 可也簡이니라
자 왈 가 야 간

仲弓曰 居敬而行簡하여
중 궁 왈 거 경 이 행 간

以臨其民이면 不亦可乎잇가
이 임 기 민 불 역 가 호

居簡而行簡이면 無乃大(太)簡乎잇가
거 간 이 행 간 무 내 태 태 간 호

子曰 雍之言이 然하다
자 왈 옹 지 언 연

子曰 雍也는 可使南面이로다

仲弓이 問子桑伯子한대

子曰 可也簡이니라

仲弓曰 居敬而行簡하여

以臨其民이면 不亦可乎잇가

居簡而行簡이면 無乃大(太)簡乎잇가

子曰 雍之言이 然하다

공자께서 말씀하셨다.

"옹(중궁)은 남면(군주의 위에 앉음)하게 할 만하다."

중궁이 자상백자에 대하여 물으니, 공자께서 대답하셨다.

"그의 간략함도 괜찮다."

중궁이 말하였다.

"자신의 마음이 경(敬)에 있으면서 간략함을 행하여 인민을 대한다면 괜찮지 않겠습니까.

자신이 간략함에 처하고 다시 간략함을 행한다면 너무 간략한 것이 아니겠습니까?"

공자께서 말씀하셨다.

"옹의 말이 옳다."

- 雍 화락할 옹 簡 간략할 간 桑 뽕나무 상 臨 임할 임 太 너무 태 然 옳게여길 연

2— 哀公이 問 弟子孰爲好學이니잇고
애공 문 제자숙위호학

孔子對日
공자대왈

有顔回者好學하여 不遷怒하며
유 안 회 자 호 학　　불 천 노

不貳過하더니 不幸短命死矣라
불 이 과　　불 행 단 명 사 의

今也則亡(無)하니 未聞好學者也니이다
금 야 즉 무 (무)　　미 문 호 학 자 야

哀公이 問 弟子孰爲好學이니잇고

孔子對日

有顔回者好學하여 不遷怒하며

不貳過하더니 不幸短命死矣라

今也則亡(無)하니 未聞好學者也니이다

- 애공이 "제자 중에 누가 배움을 좋아합니까?" 하고 묻자, 공자께서 대답하셨다.
  "안회라는 자가 배움을 좋아하여 노여움을(화난 것을) 남에게 옮기지 않으며 같은 잘못을 두 번 다시 하지 않았는데,
  불행히도 목숨이 짧아 죽었습니다. 지금은 없으니, 배움을 좋아한다는 자를 아직 듣지 못하였습니다."

- 孰 누구 숙 遷 옮길 천 貳 다시할 이 短 짧을 단

3_ 子華使於齊러니 冉子爲其母請粟한대
자화시어제 염자위기모청속

子曰 與之釜하라 請益한대
자왈 여지부 청익

曰 與之庾하라하여시늘 冉子與之粟五秉한대
왈 여지유 염자여지속오병

子曰 赤之適齊也에 乘肥馬하며 衣輕裘하니
자왈 적지적제야 승비마 의경구

吾聞之也호니 君子는 周急이요 不繼富라호라
오문지야 군자 주급 불계부

原思爲之宰러니 與之粟九百이어시늘 辭한대
원사위지재 여지속구백 사

子曰 毋하여 以與爾鄰里鄕黨乎인저
자왈 무 이여이린리향당호

子華使於齊러니 冉子爲其母請粟한대

子曰 與之釜하라 請益한대

曰 與之庾하라하여시늘 冉子與之粟五秉한대

子曰 赤之適齊也에 乘肥馬하며 衣輕裘하니

吾聞之也호니 君子는 周急이요 不繼富라호라

原思爲之宰러니 與之粟九百이어시늘 辭한대

子曰 毋하여 以與爾鄰里鄕黨乎인저

자화가 공자를 위하여 제(齊)나라에 심부름을 가자, 염자가 그의 어머니를 위해 곡식을 줄 것을 요청하니,

공자께서 "부(釜, 6斗 4升)를 주어라." 하셨다. 더 줄 것을 청하자, 공자께서 "유(庾, 16斗)를 주어라." 하셨는데,

염자가 5병(秉800斗)을 주었다.

공자께서 말씀하셨다.

"적(자화)이 제나라에 갈 적에 살진 말을 타고 가벼운 갖옷을 입었다. 내가 들으니, '군자는 곤궁한 자를 보조해 주고 부유한 자를 계속 대주지 않는다.' 하였다."

원사가 공자의 재(가신)가 되었는데, 공자께서 그에게 곡식 9백(百)을 주시자, 사양하였다.

공자께서 말씀하셨다.

"사양하지 말고서 너의 이웃집과 마을 및 고을사람들에게 주려무나."

• 使 심부름갈 시 粟 곡식 속 釜 여섯말네되 부 庾 열엿말 유 秉 열엿섬 병 適 갈 적 肥 살찔 비 裘 갖옷 구 周 구휼할 주
宰 읍재 재, 가신 재 毋 말 무 與 줄 여 鄰 이웃 린

4_ 子謂仲弓曰
자 위 중 궁 왈

犁牛之子 騂且角이면
리 우 지 자 성 차 각

雖欲勿用이나
수 욕 물 용

山川이 其舍諸아
산 천 기 사 저

子謂仲弓曰

犁牛之子 騂且角이면

雖欲勿用이나

山川이 其舍諸아

● 공자께서 중궁을 평하여 말씀하셨다.
"얼룩소〔이우〕 새끼가 색깔이 붉고〔성〕 또 뿔이 제대로 났다면 비록 산천의 제사에 쓰지 않고자 하나 산천의 신이 어찌 그 것을 버리겠는가."

● 犁 얼룩소 리 騂 붉을 성 角 뿔 각

128

5_

子曰 回也는
_{자 왈 회 야}

其心이 三月不違仁이요
_{기 심 삼 월 불 위 인}

其餘則日月至焉而已矣니라
_{기 여 즉 일 월 지 언 이 이 의}

子曰 回也는

其心이 三月不違仁이요

其餘則日月至焉而已矣니라

공자께서 말씀하셨다.
"안회는 그 마음이 3개월 동안 인(仁)을 떠나지 않고, 그 나머지 사람들은 하루나 한 달에 한 번 인에 이를 뿐이다."

• 違 떠날 위

6. 季康子問 仲由는 可使從政也與잇가
계 강 자 문 중 유 　 가 사 종 정 야 여

子曰 由也는 果하니 於從政乎에 何有리오
자 왈 　 유 야 　 과 　 어 종 정 호 　 하 유

曰 賜也는 可使從政也與잇가
왈 　 사 야 　 가 사 종 정 야 여

曰 賜也는 達하니 於從政乎에 何有리오
왈 　 사 야 　 달 　 어 종 정 호 　 하 유

曰 求也는 可使從政也與잇가
왈 　 구 야 　 가 사 종 정 야 여

曰 求也는 藝하니 於從政乎에 何有리오
왈 　 구 야 　 예 　 어 종 정 호 　 하 유

季康子問 仲由는 可使從政也與잇가

子曰 由也는 果하니 於從政乎에 何有리오

曰 賜也는 可使從政也與잇가

曰 賜也는 達하니 於從政乎에 何有리오

曰 求也는 可使從政也與잇가

曰 求也는 藝하니 於從政乎에 何有리오

계강자가 "중유는 대부를 삼아 정사에 종사하게〔종정〕할 만합니까?" 하고 물으니,
공자께서 "중유는 과단성이 있으니 정사에 종사함에 무슨 어려움이 있겠는가." 하셨다.
"사(자공)는 정사에 종사하게 할 만합니까?" 하고 물으니,
"사는 사리에 통달했으니 정사에 종사함에 무슨 어려움이 있겠는가." 하셨다.
"염구는 정사에 종사하게 할 만합니까?" 하고 물으니,
"염구는 다재다능〔예〕하니 정사에 종사함에 무슨 어려움이 있겠는가." 하셨다.

- 果 결단할 과 達 통달할 달

7_
季氏使閔子騫으로 爲費宰한대
계 씨 사 민 자 건 위 비 재

閔子騫曰 善爲我辭焉하라
민 자 건 왈 선 위 아 사 언

如有復我者면 則吾必在汶上矣로리라
여 유 부 아 자 즉 오 필 재 문 상 의

季氏使閔子騫으로 爲費宰한대

閔子騫曰 善爲我辭焉하라

如有復我者면 則吾必在汶上矣로리라

계씨가 민자건을 비읍의 읍재로 삼으려 하자, 민자건이 사자에게 말하였다.
"나를 위해 잘 말해다오. 만일 다시 나를 부르러 온다면 나는 반드시 노(魯)나라를 떠나 제(齊)나라의 문수가 있을 것이다."

- 騫 이지러질 건 費 땅이름 비 汶 물이름 문

8_ 伯牛有疾이어늘 子問之하실새
백 우 유 질 　　 자 문 지

自牖로 執其手하시고
자 유 　 집 기 수

曰 亡(無)之러니 命矣夫인저
왈 무 (무) 지 　 명 의 부

斯人也 而有斯疾也온여
사 인 야 이 유 사 질 야

斯人也 而有斯疾也온여
사 인 야 이 유 사 질 야

伯牛有疾이어늘 子問之하실새

自牖로 執其手하시고

曰 亡(無)之러니 命矣夫인저

斯人也 而有斯疾也온여

斯人也 而有斯疾也온여

- 백우가 병을 앓자, 공자께서 문병하실 적에 남쪽 창문으로부터 그의 손을 잡고 말씀하셨다.
  "이런 병에 걸릴 리가 없는데, 천명인가보다. 이런 사람이 이런 병에 걸리다니. 이런 사람이 이런 병에 걸리다니."

- 疾 병 질 自 부터 자 牖 창문 유 執 잡을 집

9_ 子曰 賢哉라 回也여 一簞食와
　　자왈 현재 회야 일단사

一瓢飮으로 在陋巷을 人不堪其憂어늘
일표음　　재루항　　인불감기우

回也不改其樂하니 賢哉라 回也여
회야불개기락　　현재　회야

子曰 賢哉라 回也여 一簞食와

一瓢飮으로 在陋巷을 人不堪其憂어늘

回也不改其樂하니 賢哉라 回也여

공자께서 말씀하셨다.

"어질다, 안회여! 한 대그릇의 밥과 한 표주박의 음료로 누추한 시골에 있는 것을 딴 사람들은 그 근심을 견뎌내지 못하는데, 안회는 그 즐거움을 변치 않으니, 어질다, 안회여!"

• 食 밥 사　瓢 표주박 표　陋 좁을 루　巷 골목 항　堪 견딜 감

10_ 冉求曰 非不說子之道언마는
염구왈비불열자지도

力不足也로이다
역부족야

子曰 力不足者는 中道而廢하나니
자왈 역부족자 중도이폐

今女는 畫이로다
금녀 획

冉求曰 非不說子之道언마는

力不足也로이다

子曰 力不足者는 中道而廢하나니

今女는 畫이로다

염구가 말하였다.
"저는 부자의 도(道)를 좋아하지 않는 것이 아니나, 힘이 부족합니다."
공자께서 말씀하셨다.
"힘이 부족한 자는 중도에 그만두니, 지금 너는 스스로 한계를 긋는 것이다."

- 廢 폐할 폐 畫 그을 획

11_ 子謂子夏曰 女爲君子儒요 無爲小人儒하라
자 위 자 하 왈 여 위 군 자 유　　　무 위 소 인 유

子謂子夏曰 女爲君子儒요

無爲小人儒하라

공자께서 자하에게 말씀하셨다.
"너는 군자의 학자가 되고 소인의 학자가 되지 말라."

• 儒 선비 유

12_ 子游爲武城宰러니 子曰 女得人焉爾乎아
자 유 위 무 성 재　　　자 왈 여 득 인 언 이 호

曰 有澹臺滅明者하니 行不由徑하며
왈 유 담 대 멸 명 자　　　행 불 유 경

非公事어든 未嘗至於偃之室也니이다
비 공 사　　　미 상 지 어 언 지 실 야

子游爲武城宰러니 子曰 女得人焉爾乎아

曰 有澹臺滅明者하니 行不由徑하며

非公事어든 未嘗至於偃之室也니이다

- 宰 읍재 재, 가신 재 澹 담박할 담 臺 대 대 滅 멸할 멸 徑 지름길 경 偃 누울 언

13_ 子曰 孟之反은 不伐이로다
자 왈 맹 지 반 불 벌

奔而殿하여 將入門할새
분 이 전 장 입 문

策其馬曰 非敢後也라
책 기 마 왈 비 감 후 야

馬不進也라하니라
마 부 진 야

子曰 孟之反은 不伐이로다

奔而殿하여 將入門할새

策其馬曰 非敢後也라

馬不進也라하니라

공자께서 말씀하셨다.

"맹지반은 공(功)을 자랑하지 않았다. 패주하면서 후미에 처져 있다가 장차 도성 문을 들어오려 할 적에 말을 채찍질하며 '내 감히 용감하여 뒤에 있었던 것이 아니요, 말이 전진하지 못한 것이다.' 하였다."

- 伐 자랑할 벌 奔 패주할 분 殿 뒤 전 策 채찍질할 책

14_ 子曰 不有祝鮀之佞이며
자 왈 불 유 축 타 지 녕

而有宋朝之美면
이 유 송 조 지 미

難乎免於今之世矣니라
난 호 면 어 금 지 세 의

子曰 不有祝鮀之佞이며

而有宋朝之美면

難乎免於今之世矣니라

공자께서 말씀하셨다.

"축관인 타(鮀)의 말재주와 송(宋)나라의 조(朝)와 같은 미모를 갖고 있지 않으면 지금 세상에 환난을 면하기 어렵다."

- 祝 빌 축 鮀 모래무지 타 佞 말잘할 녕 免 면할 면

15_ 子曰 誰能出不由戶리오마는
자 왈 수 능 출 불 유 호

何莫由斯道也오
하 막 유 사 도 야

子曰 誰能出不由戶리오마는

何莫由斯道也오

공자께서 말씀하셨다.

"누가 밖을 나갈 적에 문을 경유하지 않겠는가? 그런데 어찌하여 이 도(道)를 따르는 이는 없는가?"

- 由 경유할 유, 따를 유

16_ 子曰 質勝文則野요 文勝質則史니
자 왈 질 승 문 즉 야 문 승 질 즉 사

文質이 彬彬然後에 君子니라
문 질 빈 빈 연 후 군 자

子曰 質勝文則野요 文勝質則史니

文質이 彬彬然後에 君子니라

공자께서 말씀하셨다.

"본바탕이 아름다운 외관을 이기면 야인이요, 아름다움이 본바탕을 이기면 겉치레만 잘함이니,
아름다움과 본바탕이 적절히 배합된 뒤에야 군자이다."

- 野 들 야 史 벼슬 사 彬 빛날 빈

17_ 子曰 人之生也直하니
자 왈 인 지 생 야 직

岡之生也는 幸而免이니라
망 지 생 야 행 이 면

子曰 人之生也直하니

岡之生也는 幸而免이니라

공자께서 말씀하셨다.
"사람이 사는 이치는 정직하니, 정직하지 않으면서도 사는 것은 죽음을 요행히 면한 것이다."

● 直 곧을 직 岡 속일 망 幸 요행 행

18_ 子曰 知之者 不如好之者요
자 왈 지 지 자 불 여 호 지 자

好之者 不如樂之者니라
호 지 자 불 여 락 지 자

子曰 知之者 不如好之者요

好之者 不如樂之者니라

공자께서 말씀하셨다.
"도(道)를 아는 자가 좋아하는 자만 못하고, 좋아하는 자가 즐거워하는 자만 못하다."

19_ 子曰 中人以上은
자왈 중 인 이 상

可以語上也어니와
가 이 어 상 야

中人以下는
중 인 이 하

不可以語上也니라
불 가 이 어 상 야

子曰 中人以上은

可以語上也어니와

中人以下는

不可以語上也니라

140

20_

樊遲問知(智)한대
번지문지(지)

子曰 務民之義요
자왈 무민지의

敬鬼神而遠之면 可謂知矣니라
경귀신이원지 가위지의

問仁한대 曰 仁者先難而後獲이면
문인 왈 인자선난이후획

可謂仁矣니라
가위인의

樊遲問知(智)한대

子曰 務民之義요

敬鬼神而遠之면 可謂知矣니라

問仁한대 曰 仁者先難而後獲이면

可謂仁矣니라

번지가 지(智)에 대하여 묻자, 공자께서 말씀하셨다.
"사람이 지켜야 할 도의를 힘쓰고 귀신을 공경하되 멀리한다면 지라 말할 수 있다."
다시 인(仁)에 대하여 묻자, 또 말씀하셨다.
"인자는 어려운 일을 먼저 하고 얻는 것을 뒤에 하니, 이렇게 한다면 인이라고 말할 수 있다."

• 樊 울타리 번 遲 더딜 지 獲 얻을 획

21_ 子曰
_{자 왈}

知(智)者는 樂水하고 仁者는 樂山이니
_{지 (지) 자 요 수 인 자 요 산}

知者는 動하고 仁者는 靜하며
_{지 자 동 인 자 정}

知者는 樂하고 仁者는 壽나라
_{지 자 락 인 자 수}

子曰

知(智)者는 樂水하고 仁者는 樂山이니

知者는 動하고 仁者는 靜하며

知者는 樂하고 仁者는 壽나라

공자께서 말씀하셨다.
"지자(智者)는 물을 좋아하고 인자(仁者)는 산을 좋아하니, 지자는 동적이고 인자는 정적이며,
지자는 낙천적이고 인자는 장수한다."

• 樂 좋아할요 靜 고요할정

22_ 子曰 齊一變이면 至於魯하고
자왈 제일변 지어노

魯一變이면 至於道니라
노일변 지어도

子曰 齊一變이면 至於魯하고

魯一變이면 至於道니라

- - - - - - - ● 공자께서 말씀하셨다.
"제(齊)나라가 한 번 변하면 노(魯)나라에 이르고, 노나라가 한 번 변하면 선왕의 도(道)에 이를 것이다."

- 變 변할 변

23_ 子曰 觚不觚면 觚哉觚哉아
자왈 고불고 고재고재

子曰 觚不觚면 觚哉觚哉아

- - - - - - - ● 공자께서 말씀하셨다.
"모난 술그릇[고]이 모가 나지 않으면 모난 술그릇이라고 할 수 있겠는가? 모난 술그릇이라고 할 수 있겠는가?"

- 觚 모난그릇고

24_ 宰我問曰 仁者는 雖告之曰
재아문왈 인자 수고지왈

井有仁(人)焉이라도 其從之也로소이다
정유인 (인) 언 기종지야

子曰 何爲其然也리오
자왈 하위기연야

君子는 可逝也언정 不可陷也며
군자 가서야 불가함야

可欺也언정 不可罔也니라
가기야 불가망야

宰我問曰 仁者는 雖告之曰

井有仁(人)焉이라도 其從之也 로소이다

子曰 何爲其然也 리오

君子는 可逝也 언정 不可陷也 며

可欺也 언정 不可罔也 니라

재아가 물었다.
"인자는 비록 어떤 사람이 그에게 우물에 사람이 빠졌다고 말해주더라도 우물에 빠진 사람을 구출하고자 그를 따라 우물로 들어가겠습니다."
공자께서 말씀하셨다.
"어찌 그렇겠는가. 군자는 딴 사람이 그 군자를 우물까지 가게 할 수는 있으나 빠지게 할 수는 없으며, 이치가 있는 말로 속일(欺) 수는 있으나 터무니 없는 말로 속일(罔) 수는 없는 것이다."

- 逝 갈서 陷 빠질함 欺 속일기 罔 속일망

144

25_ 子曰 君子博學於文이요
자 왈 군 자 박 학 어 문

約之以禮면
약 지 이 례

亦可以弗畔(叛)矣夫인저
역 가 이 불 반 (반) 의 부

子曰 君子博學於文이요

約之以禮면

亦可以弗畔(叛)矣夫인저

공자께서 말씀하셨다.
"군자가 문(文)에 널리 배우고 예(禮)로써 요약(約)한다면 또한 도(道)에 어긋나지 않을 것이다."

• 約 요약할 약 畔 배반할 반

26_ 子見南子하신대
자 견 남 자

子路不說이어늘
자 로 불 열

夫子矢之曰 予所否者인댄
부 자 시 지 왈 여 소 부 자

天厭之, 天厭之시리라
천 염 지 천 염 지

子見南子하신대

子路不說이어늘

夫子矢之曰 予所否者인댄

天厭之, 天厭之시리라

공자께서 남자를 만나보시자, 자로가 기뻐하지 않으니, 부자께서 맹세하여 말씀하셨다.
"내 맹세코 잘못된 짓을 하였다면 하늘이 나를 싫어하시리라. 하늘이 나를 싫어하시리라."

• 矢 맹세할 시 所 맹세할 소 厭 싫어할 염

27_ 子曰
자 왈

中庸之爲德也 其至矣乎인저
중 용 지 위 덕 야 기 지 의 호

民鮮이 久矣니라
민 선 구 의

子曰

中庸之爲德也 其至矣乎인저

民鮮이 久矣니라

공자께서 말씀하셨다.

"중용의 덕이 지극하구나. 사람들이 이 덕을 소유한 이가 적은 지 오래되었다."

• 庸 떳떳용, 평소 용 鮮 적을 선

28__ 子貢曰 如有博施於民이요
자공왈 여유박시어민

而能濟衆인댄 何如하니잇고 可謂仁乎잇가
이능제중 하여 가위인호

子曰 何事於仁이리오 必也聖乎인저
자왈 하사어인 필야성호

堯舜도 其猶病諸시니라
요순 기유병저

夫仁者는 己欲立而立人하며
부인자 기욕립이립인

己欲達而達人이니라
기욕달이달인

能近取譬면 可謂仁之方也已니라
능근취비 가위인지방야이

子貢曰 如有博施於民이요

而能濟衆인댄 何如하니잇고 可謂仁乎잇가

子曰 何事於仁이리오 必也聖乎인저

堯舜도 其猶病諸시니라

夫仁者는 己欲立而立人하며

己欲達而達人이니라

能近取譬면 可謂仁之方也已니라

자공이 말하였다.

"만일 백성들에게 은혜를 널리 베풀고〔박시〕 많은 사람을 구제한다면〔제중〕 어떻습니까? 인(仁)하다고 할 만합니까?"

공자께서 말씀하셨다.

"어찌 인에만 그치겠는가. 반드시 성인일 것이다. 요(堯)·순(舜)도 오히려 이것을 부족하게 여기셨을 것이다. 인자는 자신이 서고자 함에 남도 서게 하며, 자신이 통달하고자 함에 남도 통달하게 하는 것이다. 가까운 데에서 취해 비유할 수 있다면 인하는 방법이라고 이를 만하다."

- 病 부족할 병 譬 비유할 비

述而 第七

1_ 子曰 述而不作하며
자왈 술이부작

信而好古를 竊比於我老彭하노라
신이호고 절비어아노팽

子曰 述而不作하며

信而好古를 竊比於我老彭하노라

공자께서 말씀하셨다.
"전술(傳述)하기만 하고 창작하지 않으며 믿고, 옛것을 좋아함을 내가 속으로 우리 노팽에게 견주노라."

• 竊 몰래 절 彭 성 팽

2_　子曰 默而識之하며
　　　자 왈 묵 이 지 지

　　學而不厭하며
　　　학 이 불 염

　　誨人不倦이
　　　회 인 불 권

　　何有於我哉오
　　　하 유 어 아 재

子曰 默而識之하며

學而不厭하며

誨人不倦이

何有於我哉오

● 공자께서 말씀하셨다.
　"묵묵히 기억하고, 배우고 싫어하지 않으며 사람 가르치기를 게을리 하지 않는 것, 이 중에 어느 것이 나에게 있겠는가?"

● 默 잠잠할 묵 識 기억할 지, 알 식 厭 싫어할 염 誨 가르칠 회 倦 게으를 권

3_ 子曰
자 왈

德之不修와 學之不講과
덕 지 불 수   학 지 불 강

聞義不能徙와 不善不能改가
문 의 불 능 사   불 선 불 능 개

是吾憂也니라
시 오 우 야

子曰
德之不修와 學之不講과
聞義不能徙와 不善不能改가
是吾憂也니라

공자께서 말씀하셨다.
"덕(德)이 닦아지지 못함과 학문이 강습되지 못함과 의(義)를 듣고 옮겨가지 못함과 불선(不善)을 고치지 못하는 것이 바로 나의 걱정거리이다."

• 徙 옮길 사

4_ 子之燕居에 申申如也하시며 天夭如也러시다
자 지 연 거   신 신 여 야   요 요 여 야

子之燕居에 申申如也하시며 夭夭如也러시다

- 공자께서 한가로이 거처하실 적에 신신(활짝 폄)하시며 요요(온화함)하셨다.

- 燕 편안할 연 申 펼 신 夭 얼굴빛화할 요

5_ 子曰 甚矣라 吾衰也여 久矣라
자 왈 심 의   오 쇠 야   구 의

吾不復夢見周公이로다
오 불 부 몽 견 주 공

子曰 甚矣라 吾衰也여 久矣라

吾不復夢見周公이로다

- 공자께서 말씀하셨다.
  "심하도다. 나의 쇠함이여! 오래되었다. 내 다시는 꿈 속에서 주공을 뵙지 못하였다."

- 衰 쇠할 쇠 夢 꿈 몽

6_ 子曰 志於道하며
자 왈 지 어 도

據於德하며
거 어 덕

依於仁하며
의 어 인

游於藝니라
유 어 예

子曰 志於道하며

據於德하며

依於仁하며

游於藝니라

공자께서 말씀하셨다.
"도(道)에 뜻하며, 덕(德)을 굳게 지키며, 인(仁)에 의지하며(인을 따르며), 예(藝)에 노닐어야 한다."

• 據 웅거할 거 游 놀 유 藝 재주 예

154

7_ 子曰 自行束脩以上은
자 왈 자 행 속 수 이 상

吾未嘗無誨焉이로라
오 미 상 무 회 언

子曰 自行束脩以上은

吾未嘗無誨焉이로라

공자께서 말씀하셨다.
"포 한 속 이상을 가지고 와서 집지의 예를 행한 자에게는 내 일찍이 가르쳐 주지 않은 적이 없었다."

• 束 묶을속 脩 포수

8_ 子曰 不憤이어든 不啓하며
자왈 불분 불계

不悱어든 不發호되
불비 불발

擧一隅에 不以三隅反이어든
거 일 우 불 이 삼 우 반

則不復也니라
즉 불 부 야

子曰 不憤이어든 不啓하며

不悱어든 不發호되

擧一隅에 不以三隅反이어든

則不復也니라

- 공자께서 말씀하셨다.
  "마음 속으로 통하려고(알려고) 노력하지 않으면 열어주지 않으며, 애태워하지 않으면 말해주지 않으나 한 귀퉁이를 들어 보여줌에 이것을 가지고 남은 세 귀퉁이를 반증하지 못하거든 다시(더 이상) 일러주지 않는다."

- 憤 답답해할 분, 화낼 분 啓 열 계 悱 답답해할 비, 화낼 비 隅 모퉁이 우

9_ 子食於有喪者之側에
자 식 어 유 상 자 지 측

未嘗飽也러시다
미 상 포 야

子於是日에
자 어 시 일

哭則不歌러시다
곡 즉 불 가

子食於有喪者之側에

未嘗飽也러시다

子於是日에

哭則不歌러시다

공자께서는 상이 있는 자의 곁에서 음식을 먹을 적에 일찍이 배불리 먹은 적이 없으셨다.
공자께서는 이 날에 조곡(弔哭)을 하시면 노래 부르지 않으셨다.

• 側 곁 측 飽 배부를 포 哭 울 곡 歌 노래할 가

10_ 子謂顏淵曰 用之則行하고
자 위 안 연 왈 용 지 즉 행

舍(捨)之則藏을 惟我與爾 有是夫인저
사 (사) 지 즉 장 유 아 여 이 유 시 부

子路曰 子行三軍이면 則誰與시리잇고
자 로 왈 자 행 삼 군 즉 수 여

子曰 暴虎馮河하여
자 왈 포 호 빙 하

死而無悔者를 吾不與也니
사 이 무 회 자 오 불 여 야

必也臨事而懼하며 好謀而成者也니라
필 야 임 사 이 구 호 모 이 성 자 야

子謂顏淵曰 用之則行하고

舍(捨)之則藏을 惟我與爾 有是夫인저

子路曰 子行三軍이면 則誰與시리잇고

子曰 暴虎馮河하여

死而無悔者를 吾不與也니

必也臨事而懼하며 好謀而成者也니라

공자께서 안연에게 일러 말씀하셨다.

"써주면 도(道)를 행하고 버리면 은둔하는 것을 오직 나와 너만이 이것을 가지고 있다."

자로가 말하였다.

"부자께서 삼군을 출동(통솔)하신다면 누구와 함께 하시겠습니까?"

공자께서 말씀하셨다.

"맨손으로 범을 때려 잡으려 하고 맨몸으로 강하를 건너려 하여 죽어도 후회함이 없는 자를 나는 함께 하지 않을 것이니, 반드시 일에 임하여 두려워하며(조심하며) 도모하기를 좋아하여 성공하는 자와 함께 할 것이다."

- 舍 버릴 사 藏 감출 장 爾 너 이 誰 누구 수 暴 맨손으로칠 포 虎 범 호 馮 걸어서건널 빙 悔 뉘우칠 회

11_ 子曰 富而可求也인댄
자 왈 부 이 가 구 야

雖執鞭之士라도
수 집 편 지 사

吾亦爲之어니와 如不可求인댄
오 역 위 지 여 불 가 구

從吾所好호리라
종 오 소 호

子曰 富而可求也인댄

雖執鞭之士라도

吾亦爲之어니와 如不可求인댄

從吾所好호리라

공자께서 말씀하셨다.
"부(富)를 만일 구해서 될 수 있다면 말채찍을 잡는 자의 일이라도 내 또한 하겠다.
그러나 만일 구하여 될 수 없다면 내가 좋아하는 바를 따르겠다."

• 執 잡을 집 鞭 채찍 편 如 만일 여

160

12_ 子之所愼은 齊(齋)戰疾이러시다
자 지 소 신 재 (재) 전 질

子之所愼은 齊(齋)戰疾이러시다

- 공자께서 조심하신 것(삼가신 것)은 재계와 전쟁과 질병이셨다.

- 齊 재계할 재, 가지런할 제 疾 병 질

13_ 子在齊聞韶하시고 三月을 不知肉味하사
자 재 제 문 소　　　삼 월　부 지 육 미

曰 不圖爲樂之至於斯也호라
왈 부 도 위 악 지 지 어 사 야

子在齊聞韶하시고 三月을 不知肉味하사

曰 不圖爲樂之至於斯也호라

- 공자께서 제(齊)나라에 계시면서 소악(순임금의 음악)을 들으시고, 배우는 3개월 동안 고기의 맛을 모르시며 말씀하시기를 "음악을 만든 것이 이러한 경지에 이를 줄은 생각하지 못했다." 하셨다

- 韶 풍류이름 소 肉 고기 육 味 맛 미 圖 도모할 도

14_

冉有曰 夫子爲衛君乎아
염유왈 부자위위군호

子貢曰 諾다 吾將問之호리라
자공왈 낙 오장문지

入曰 伯夷叔齊는 何人也잇고
입왈 백이숙제 하인야

曰 古之賢人也니라 曰 怨乎잇가
왈 고지현인야 왈 원호

曰 求仁而得仁이어니 又何怨이리오
왈 구인이득인 우하원

出曰 夫子不爲也시리라
출왈 부자불위야

冉有曰 夫子爲衛君乎아

子貢曰 諾다 吾將問之호리라

入曰 伯夷叔齊는 何人也잇고

曰 古之賢人也니라 曰 怨乎잇가

曰 求仁而得仁이어니 又何怨이리오

出曰 夫子不爲也시리라

- 염유가 말하기를 "부자께서 위(衛)나라 임금을 도우실까?"라고 하자,
  자공이 말하기를 "좋다. 내 장차 여쭈어 보리라." 하였다.
  자공이 들어가서 "백이와 숙제는 어떠한 사람입니까?" 하고 묻자, 공자께서 "옛날의 현인이시다." 하고 대답하셨다.
  "후회하였습니까?" 하고 묻자, "인(仁)을 구하여 인을 얻었으니, 또 어찌 후회하였겠는가."라고 대답하셨다.
  자공이 나와서 말하기를 "부자께서는 돕지 않으실 것이다." 하였다."

- 衛 나라이름 위 諾 허락할 락

15_ 子曰 飯疏食飲水하고
자 왈 반 소 사 음 수

曲肱而枕之라도 樂亦在其中矣니
곡 굉 이 침 지 낙 역 재 기 중 의

不義而富且貴는 於我에 如浮雲이니라
불 의 이 부 차 귀 어 아 여 부 운

子曰 飯疏食飲水하고

曲肱而枕之라도 樂亦在其中矣니

不義而富且貴는 於我에 如浮雲이니라

- 공자께서 말씀하셨다.
  "거친 밥을 먹고, 물(냉수)을 마시며 팔을 굽혀 베더라도 즐거움이 또한 이 가운데 있으니,
  의롭지 못하고서 부(富)하고 또 귀(貴)함은 나에게 있어 뜬구름과 같다."

- 飯 밥먹을 반 疏 거칠 소 食 밥 사, 먹을 식 肱 팔뚝 굉 枕 벨 침 浮 뜰 부

16_ 子曰 加〔假〕我數年하여
자왈 가〔가〕아 수년

五十〔卒〕以學易이면 可以無大過矣리라
오십 〔졸〕이학역 가이무대과의

子曰 加〔假〕我數年하여

五十〔卒〕以學易이면 可以無大過矣리라

공자께서 말씀하셨다.
"하늘이 나에게 몇 년의 수명을 빌려주어 마침내 《주역(周易)》을 배우게 한다면 큰 허물이 없을 것이다."

• 假 빌릴 가

17_ 子所雅言은 詩書執禮 皆雅言也러시다
자 소아언 시서집례 개아언야

子所雅言은 詩書執禮 皆雅言也러시다

공자께서 평소 늘 말씀하신 것은
《시(詩)》와 《서(書)》와 지키는(執行하는) 예(禮)가 모두 평소에 늘 하시는 말씀이셨다.

• 雅 평소 아, 바를 아 執 잡을 집

18_ 葉公이 問孔子於子路어늘 子路不對한대
섭공 문공자어자로 자로부대

子曰 女奚不曰 其爲人也 發憤忘食하고
자왈 여해불왈 기위인야 발분망식

樂以忘憂하여 不知老之將至云爾오
낙이망우 부지로지장지운이

葉公이 問孔子於子路어늘 子路不對한대

子曰 女奚不曰 其爲人也 發憤忘食하고

樂以忘憂하여 不知老之將至云爾오

섭공이 자로에게 공자의 인물됨을 물었는데, 자로가 대답하지 않았다.
공자께서 말씀하셨다.
"너는 어찌 그의 사람됨이 알지 못하면 분발하여 먹는 것도 잊고, 깨달으면 즐거워 근심을 잊어서 늙음이 장차 닥쳐오는
줄도 모른다고 말하지 않았느냐."

• 葉 땅이름 섭 憤 분발할 분 忘 잊을 망

166

19_ 子曰 我非生而知之者라
자 왈 아 비 생 이 지 지 자

好古敏以求之者也로라
호 고 민 이 구 지 자 야

子曰 我非生而知之者라

好古敏以求之者也로라

공자께서 말씀하셨다.
"나는 태어나면서부터 안 자가 아니라 옛것을 좋아하여 급급히 구한 자이다."

• 敏 민첩할 민

20_ 子는 不語怪力亂神이러시다
자 불 어 괴 력 난 신

子는 不語怪力亂神이러시다

공자께서는 괴이함과 용력과 패란과 귀신을 말씀하지 않으셨다.

• 怪 괴이할 괴

21_ 子曰 三人行에 必有我師焉이니
자왈 삼인행 필유아사언

擇其善者而從之요 其不善者而改之니라
택 기 선 자 이 종 지 기 불 선 자 이 개 지

子曰 三人行에 必有我師焉이니

擇其善者而從之요 其不善者而改之니라

공자께서 말씀하셨다.
"세 사람이 길을 감에 반드시 나의 스승이 있으니, 그 중에 선(善)한 자를 가려서 따르고, 선하지 못한 자를 고쳐야 한다."

• 擇 가릴 택

22_ 子曰 天生德於予시니 桓魋其如予何리오
자왈 천생덕어여 환퇴기여여하

子曰 天生德於予시니 桓魋其如予何리오

공자께서 말씀하셨다.
"하늘이 나에게 덕(德)을 주셨으니, 환퇴가 나를 어찌하겠는가?"

• 桓 굳셀 환 魋 이름 퇴

23_ 子曰 二三子는 以我爲隱乎아 吾無隱乎爾로라
자 왈 이 삼 자 이 아 위 은 호   오 무 은 호 이

吾無行而不與二三子者 是丘也니라
오 무 행 이 불 여 이 삼 자 자 시 구 야

子曰 二三子는

以我爲隱乎아 吾無隱乎爾로라

吾無行而不與二三子者 是丘也니라

공자께서 말씀하셨다.
"그대들은 내가 숨긴다고 여기는가? 나는 그대들에게 숨기는 것이 없노라.
행하고서 그대들에게 보여주지 않음이 없는 자가 바로 나(구)이다."

• 隱 숨길 은 爾 너 이 與 보여줄 여

24_ 子以四敎하시니 文行忠信이러시다
자 이 사 교   문 행 충 신

子以四敎하시니 文行忠信이러시다

공자께서는 네 가지로써 가르치셨으니, 문(文)·행(行)·충(忠)·신(信)이었다.

25_ 子曰 聖人을 吾不得而見之矣어든
자왈 성인 오부득이견지의

得見君子者면 斯可矣니라
득 견 군 자 자 사 가 의

子曰 善人을 吾不得而見之矣어든
자왈 선인 오부득이견지의

得見有恒者면 斯可矣니라
득 견 유 항 자 사 가 의

亡(無)而爲有하며 虛而爲盈하며
무 (무) 이 위 유 허 이 위 영

約而爲泰면 難乎有恒矣니라
약 이 위 태 난 호 유 항 의

子曰 聖人을 吾不得而見之矣어든

得見君子者면 斯可矣니라

子曰 善人을 吾不得而見之矣어든

得見有恒者면 斯可矣니라

亡(無)而爲有하며 虛而爲盈하며

約而爲泰면 難乎有恒矣니라

공자께서 말씀하셨다.

"성인을 내 얻어 볼 수 없으면 군자라도 얻어 보면 괜찮다."

공자께서 말씀하셨다.

"선인을 내가 얻어 볼 수 없으면 항심(떳떳한 마음)이 있는 자라도 얻어 보면 괜찮다.

없으면서 있는 체하며 비었으면서 가득한 체하며 적으면서 많은 체하면(곤궁하면서 부유한 체하면)

항심이 있기 어려울 것이다."

- 恒 떳떳할항 盈 찰영 約 적을약 泰 클태

26_ 子는 釣而不綱하시며
　　　자　　조 이 불 강

弋不射宿이러시다
익 불 석 숙

子는 釣而不綱하시며

弋不射宿이러시다

공자께서는 낚시질은 하시되 큰 그물질은 하지 않으시며,
주살질은 하시되 잠자는 새를 쏘아 잡지는 않으셨다.

• 釣 낚시 조 綱 그물질할 강 弋 주살질할 익 射 쏘아맞출 석 宿 잘 숙

27_ 子曰 蓋有不知而作之者아 我無是也로라
자왈 개유부지이작지자 아무시야

多聞하여 擇其善者而從之하며
다문 택기선자이종지

多見而識之 知之次也니라
다견이지지 지지차야

子曰 蓋有不知而作之者아 我無是也로라

多聞하여 擇其善者而從之하며

多見而識之 知之次也니라

공자께서 말씀하셨다.
"혹여 알지 못하면서 함부로 행동하는 것이 있는가? 나는 이러한 것이 없노라.
많이 듣고서 그 중에 좋은 것을 가려 따르며, 많이 보고서 그 선악을 기억하는 것이 아는 것의 다음이 된다."

• 識 기억할지

28_ 互鄕은 難與言이러니
호 향 난 여 언

童子見커늘 門人이 惑한대
동 자 현 문 인 혹

子曰 人이 潔己以進이어든
자 왈 인 결 기 이 진

與其潔也요 不保其往也며
여 기 결 야 불 보 기 왕 야

與其進也요 不與其退也니 唯何甚이리오
여 기 진 야 불 여 기 퇴 야 유 하 심

互鄕은 難與言이러니

童子見커늘 門人이 惑한대

子曰 人이 潔己以進이어든

與其潔也요 不保其往也며

與其進也요 不與其退也니 唯何甚이리오

호향 사람과는 더불어 말하기가 어려웠는데, 호향의 동자가 찾아와 공자를 뵈니, 문인들이 의혹하였다.
공자께서 말씀하셨다.
"사람이 몸을 깨끗이 하고서 찾아오거든 그 몸을 깨끗이 한 것을 허여할 뿐이요 지난날의 잘잘못을 보장할 수는 없으며,
그 찾아옴을 허여할 뿐이요 물러간 뒤에 잘못하는 것을 허여하는 것은 아니다. 어찌 심하게 할 것이 있겠는가?"

• 互 서로 호 與 더불어, 허여할 여 惑 의혹할 혹 潔 깨끗할 결

29_ 子曰 仁遠乎哉아
자 왈 인 원 호 재

我欲仁이면 斯仁이 至矣니라
아 욕 인 　 사 인 　 지 의

子曰 仁遠乎哉아

我欲仁이면 斯仁이 至矣니라

공자께서 말씀하셨다.
"인(仁)이 멀리 있겠는가? 내가 인을 하고자 하면 인이 당장 이르게 된다."

30_ 陳司敗問 昭公이 知禮乎잇가
진사패문 소공 지례호

孔子曰 知禮시니라
공자왈 지례

孔子退어시늘 揖巫馬期而進之하여
공자퇴 읍무마기이진지

曰 吾聞君子不黨이라하니 君子亦黨乎아
왈 오문군자부당 군자역당호

君取(娶)於吳하니 爲同姓이라
군 취 (취) 어 오 위 동 성

謂之吳孟子라하니 君而知禮면
위 지 오 맹 자 군 이 지 례

孰不知禮리오 巫馬期以告한대
숙 부 지 례 무 마 기 이 고

子曰 丘也幸이로다 苟有過어든 人必知之온여
자 왈 구 야 행 구 유 과 인 필 지 지

陳司敗問 昭公이 知禮乎잇가

孔子曰 知禮시니라

孔子退어시늘 揖巫馬期而進之하여

曰 吾聞君子不黨이라하니 君子亦黨乎아

君取(娶)於吳하니 爲同姓이라

謂之吳孟子라하니 君而知禮면

孰不知禮리오 巫馬期以告한대

子曰 丘也幸이로다 苟有過어든 人必知之온여

진(陳)나라 사패가 "소공이 예(禮)를 알았습니까?" 하고 묻자, 공자께서 "예를 아셨다." 하고 대답하셨다.

공자께서 물러가시자, 사패가 무마기에게 읍하여 나오게 하고서 말하였다.

"내가 들으니 군자는 당(편당)하지 않는다 하였는데, 군자도 당을 하는가? 임금(소공)이 오(吳)나라에서 부인을 맞이하였으니, 동성이 되기에 그 부인을 오맹자라고 불렀으니, 이러한 임금으로서 예를 알았다면 누가 예를 알지 못하겠는가."

무마기가 이것을 아뢰자, 공자께서 말씀하셨다.

"나(구)는 다행이다. 만일 잘못이 있으면 남들이 반드시 아는구나."

- 敗 패할 패 揖 읍할 읍 巫 무당 무 黨 편벽될 당 取 장가들 취

31_ 子與人歌而善이어든
자 여 인 가 이 선

必使反之하시고
필 사 반 지

而後和之러시다
이 후 화 지

子與人歌而善이어든

必使反之하시고

而後和之러시다

• 공자는 남과 함께 노래를 부를 적에 잘하거든 반드시 반복해서 부르라 하시고, 그 뒤에 따라 부르셨다.

• 歌 노래할 가 反 반복할 반

32_ 子曰 文莫吾猶人也아
자 왈 문 막 오 유 인 야

躬行君子는 則吾未之有得호라
궁 행 군 자 즉 오 미 지 유 득

子曰 文莫吾猶人也아

躬行君子는 則吾未之有得호라

공자께서 말씀하셨다.
"문은 내 남과 같지 않겠는가. 군자의 도를 몸소 행함은 내 아직 얻음이 있지 못하다."

- 躬 몸소 궁

33_ 子曰 若聖與仁은 則吾豈敢이리오
자왈 약 성 여 인 즉 오 기 감

抑爲之不厭하며
억 위 지 불 염

誨人不倦은 則可謂云爾已矣니라
회 인 불 권 즉 가 위 운 이 이 의

公西華曰 正唯弟子不能學也로소이다
공 서 화 왈 정 유 제 자 불 능 학 야

子曰 若聖與仁은 則吾豈敢이리오

抑爲之不厭하며

誨人不倦은 則可謂云爾已矣니라

公西華曰 正唯弟子不能學也로소이다

공자께서 말씀하시기를 "성(聖)과 인(仁)으로 말하면 내 어찌 감히 자처하겠는가. 그러나 인·성의 도를 행하기를 싫어
하지 않으며 이것을 가지고 남을 가르치기를 게을리 하지 않는 것은 그렇다고 말할 수 있을 뿐이다." 하셨다.
공서화가 말하였다.
"바로 저희 제자들이 배울 수 없는 점입니다."

• 抑 반어사 억, 그러나 억 厭 싫어할 염 誨 가르칠 회 倦 게으를 권 爾 그럴 이

34_ 子疾病이어시늘 子路請禱한대
자 질 병　　　　자 로 청 도

子曰 有諸아 子路對曰 有之하니
자 왈 유 제　　자 로 대 왈 유 지

誄曰 禱爾于上下神祇라하니이다
뇌 왈 도 이 우 상 하 신 기

子曰 丘之禱久矣니라
자 왈 구 지 도 구 의

子疾病이어시늘 子路請禱한대

子曰 有諸아 子路對曰 有之하니

誄曰 禱爾于上下神祇라하니이다

子曰 丘之禱久矣니라

공자께서 병환이 위중하시자, 자로가 기도할 것을 청하였다. 공자께서 "이처럼 기도하는 이치가 있는가?" 하고 묻자,
자로가 대답하기를 "있습니다. 뇌문(제문)에 '너를 상하의 신기에게 기도하였다.'고 하였습니다." 하였다.
공자께서 "나는 기도한 지가 오래이다." 하셨다.

• 禱 빌 도 誄 제문 뢰 祇 땅귀신 기

35_ 子曰 奢則不孫(遜)하고 儉則固니
자왈 사 즉 불손 (손)　　 검 즉 고

與其不孫也론 寧固니라
여 기 불 손 야 　 영 고

子曰 奢則不孫(遜)하고 儉則固니

與其不孫也론 寧固니라

공자께서 말씀하셨다.
"사치하면 공손하지 못하고, 검소하면 고루하니, 공손하지 못하기보다는 차라리 고루하여야 한다."

奢 사치할 사 孫 공손할 손 寧 차라리 녕

36_ 子曰 君子는 坦蕩蕩이요
자왈 군자 탄 탕탕

小人은 長戚戚이니라
소인 장 척 척

子曰 君子는 坦蕩蕩이요

小人은 長戚戚이니라

공자께서 말씀하셨다.
"군자는 평탄하여 여유가 있고, 소인은 늘 근심한다."

• 坦 평탄할 탄 蕩 넓을 탕 戚 근심할 척

37_ 子는 溫而厲하시며
자 온 이 려

威而不猛하시며 恭而安이러시다
위 이 불 맹 공 이 안

子는 溫而厲하시며

威而不猛하시며 恭而安이러시다

공자께서는 온화하면서도 엄숙하시며, 위엄이 있으면서도 사납지 않으시며, 공손하면서도 편안(자연스러움)하셨다.

• 厲 엄할 려 猛 사나울 맹

배우고 익히는 논어 1 · 반듯반듯 고전 따라쓰기

1판 1쇄 인쇄 2015년 8월 31일
1판 1쇄 발행 2015년 9월 8일

지은이 성백효
총괄기획 권희준
디자인 씨오디

발행처 한국인문고전연구소
발행인 조옥임
출판등록 2012년 2월 1일(제 406 - 2012 - 000027호)
주소 경기도 파주시 미래로 562
전화 02 - 323 - 3635 **팩스** 02 - 6442 - 3634
이메일 books@huclassic.com

ISBN 978 - 89 - 97970 - 18 - 6 04140